Bouchta Lafhail

L'athéisme à l'ère de la science

Bouchta Lafhail

L'athéisme à l'ère de la science

Son déclin face aux vérités scientifiques.

Éditions Croix du Salut

Imprint
Any brand names and product names mentioned in this book are subject to trademark, brand or patent protection and are trademarks or registered trademarks of their respective holders. The use of brand names, product names, common names, trade names, product descriptions etc. even without a particular marking in this work is in no way to be construed to mean that such names may be regarded as unrestricted in respect of trademark and brand protection legislation and could thus be used by anyone.

Cover image: www.ingimage.com

Publisher:
Éditions Croix du Salut
is a trademark of
Dodo Books Indian Ocean Ltd. and OmniScriptum S.R.L publishing group

120 High Road, East Finchley, London, N2 9ED, United Kingdom
Str. Armeneasca 28/1, office 1, Chisinau MD-2012, Republic of Moldova, Europe
Printed at: see last page
ISBN: 978-3-8416-9931-2

"Dis : Parcourez la terre et regardez comment la création a commencé. Puis, Allah fera naître la création finale. Certes, Allah est Omnipotent sur toute chose."

surat l'Araignée, Ayat 20.

Cette recherche est dédiée à tous ceux qui cherchent la vérité et qui osent questionner les fondements de leurs croyances. À ceux qui, par leur curiosité intellectuelle et leur ouverture d'esprit, contribuent à enrichir le dialogue entre la science et la spiritualité. Que cet ouvrage puisse inspirer la réflexion et encourager la quête de compréhension, tant sur le plan scientifique que philosophique.

Préface

Dans un monde en perpétuelle évolution, où les avancées scientifiques redéfinissent notre compréhension de l'univers et de notre place en son sein, il est essentiel d'explorer les interactions complexes entre la science et les croyances. Cette recherche se penche sur un sujet crucial : l'athéisme à l'ère de la science et son déclin face aux vérités scientifiques émergentes.

À travers cette étude, nous tenterons de démontrer comment les découvertes récentes en physique, biologie et cosmologie remettent en question les fondements des théories matérialistes et des idéologies athées. Nous examinerons également comment les avancées scientifiques fournissent des preuves d'un ordre cosmique et d'une structure de l'univers qui semblent évoquer l'idée d'une intention créatrice.

Notre objectif est de fournir une analyse approfondie et nuancée de ces questions, en tenant compte des implications philosophiques et éthiques qui en découlent. En abordant des concepts tels que le design intelligent, la complexité biologique et la précision des lois physiques, nous chercherons à établir un dialogue constructif entre la science et la foi.

Cette recherche s'adresse à un large public, qu'il soit scientifique, philosophique ou simplement curieux, et invite chacun à réfléchir sur les enjeux qui se posent à l'intersection de la science et de la spiritualité. Nous espérons que cette étude ouvrira la voie à des discussions enrichissantes et à une meilleure compréhension des mystères qui entourent notre existence.

L'auteur.

Plan de la recherche

Titre :

L'athéisme à l'ère de la science : son déclin face aux vérités scientifiques.

Introduction :

- **Présentation générale du sujet** : Définition de l'athéisme et des avancées scientifiques modernes. Comment la relation entre la science et l'athéisme a-t-elle évolué historiquement ?
- **Problématique** : Comment les découvertes scientifiques modernes remettent-elles en question les positions athées ? La science a-t-elle contribué à démontrer l'existence d'un ordre cosmique précis qui défie les explications matérialistes ?
- **Importance de la recherche** : Mettre en lumière les transformations idéologiques face à l'effondrement de certaines théories matérialistes sur lesquelles reposaient des idéologies athées.

Première partie : L'athéisme à l'ère de la science

- **Définition de l'athéisme** : Origines et développement intellectuel depuis l'ère des Lumières jusqu'à aujourd'hui.
- **L'athéisme et la science** : Perspective historique de leur relation. Comment la science a-t-elle été perçue comme un outil pour soutenir l'athéisme, notamment aux XVIIIe et XIXe siècles ?
- **Impact des découvertes scientifiques récentes** : Comment la science a-t-elle modifié l'image de l'athéisme ? Exemples de découvertes scientifiques qui ont soulevé des questions sur les théories athées.

Deuxième partie : Le déclin de l'athéisme face à la science aujourd'hui

- **Les vérités scientifiques qui remettent en question l'athéisme** : Comment les découvertes en physique cosmique, biologie et biochimie ont-elles ébranlé les théories athées ?
- **La physique moderne** : La théorie de la relativité et la mécanique quantique, et leurs défis à l'idée d'un univers aléatoire.
- **La cosmologie** : Les théories sur l'origine de l'univers, comme le Big Bang, qui soutiennent l'idée d'un début précis, renforçant la notion d'une intervention divine.

Troisième partie : L'effondrement des théories et idéologies dans les laboratoires scientifiques

- **Critique des théories matérialistes** : Vue critique des théories matérialistes sur lesquelles reposaient plusieurs idéologies athées telles que le darwinisme, le freudisme et le marxisme.
- **La crise du darwinisme** : Les défis scientifiques posés à la théorie darwinienne à la lumière de la génétique et des découvertes récentes en sciences de la vie.
- **La crise du freudisme** : Comment plusieurs des idées de Freud se sont effondrées à la lumière des études psychologiques modernes basées sur l'expérience et les preuves.
- **Critique du marxisme** : Comment les théories économiques et sociales marxistes ont échoué face aux analyses scientifiques et économiques modernes.

Quatrième partie : La science prouve que l'univers fonctionne selon des lois créées par Dieu

- **L'univers et les lois scientifiques** : Comment les lois physiques et biologiques prouvent que l'univers fonctionne selon un ordre précis qui ne correspond pas au hasard aléatoire.
- **Rationalité scientifique et foi** : Comment les lois scientifiques précises qui gouvernent l'univers sont perçues comme une preuve de l'existence d'un créateur.
- **Exemples tirés de la physique** : Les constantes cosmologiques et la précision des lois naturelles, et comment elles soutiennent l'idée d'un design intelligent.
- **Exemples tirés de la biologie** : La complexité des systèmes biologiques et les défis qu'elle pose aux explications matérialistes.

Conclusion :

- **Résumé des points essentiels** : Un bref récapitulatif des principales conclusions du travail.
- **Conclusions** : La science n'est plus l'alliée de l'athéisme comme on le croyait autrefois, mais elle devient un moyen de renforcer la foi en un univers créé avec précision.
- **Perspectives futures** : Comment la science pourrait-elle continuer à prouver l'existence d'un design intelligent dans les découvertes futures ?

Bibliographie :

- Liste des sources scientifiques et philosophiques utilisées dans la recherche, en mettant l'accent sur les ouvrages et articles fiables discutant de la relation entre science et foi, ainsi que les critiques des théories matérialistes.

L'athéisme à l'ère de la science : son déclin face aux vérités scientifiques

Introduction

L'athéisme, défini comme l'absence de croyance en une divinité ou un créateur, a longtemps cohabité avec les avancées scientifiques, parfois dans une relation de soutien mutuel, parfois dans une opposition frontale. Au XVIIIe siècle, l'athéisme a pris de l'ampleur en parallèle à l'émergence de la science moderne, souvent perçue comme un vecteur de libération de l'esprit humain face aux dogmes religieux. Les Lumières ont favorisé l'idée que la raison et la méthode scientifique étaient des instruments capables d'expliquer le monde, laissant peu de place aux explications surnaturelles. Des penseurs comme Diderot, Voltaire ou encore Hume ont plaidé pour une vision de l'univers fondée uniquement sur des phénomènes naturels, débarrassée de toute intervention divine.

Le XIXe siècle a vu le développement de théories scientifiques et philosophiques qui semblaient consolider l'athéisme. La théorie de l'évolution de Charles Darwin en 1859, qui proposait une explication purement naturelle de l'origine des espèces sans intervention divine, fut l'un des piliers de l'athéisme scientifique. En parallèle, Karl Marx et Sigmund Freud ont proposé des visions matérialistes de l'histoire et de la psyché humaine, renforçant l'idée que l'existence de Dieu n'était pas nécessaire pour comprendre le fonctionnement du monde.

Cependant, au fil du XXe siècle et surtout avec les avancées scientifiques récentes, cette relation entre science et athéisme s'est progressivement complexifiée. Les découvertes en physique, cosmologie et biologie moléculaire ont commencé à mettre en évidence des aspects de l'univers qui semblaient difficilement explicables par le seul hasard ou les processus naturels aléatoires. Ces nouvelles données ont poussé nombre de scientifiques et de philosophes à reconsidérer l'idée d'une structure profondément organisée et ordonnée du cosmos, ouvrant la porte à des questions sur l'existence d'un créateur ou d'une intelligence organisatrice.

Aujourd'hui, bien que l'athéisme subsiste en tant que position philosophique, il est de plus en plus mis à l'épreuve par des vérités scientifiques qui remettent en question les fondements mêmes des croyances athées classiques. De plus en plus de théories autrefois considérées comme des pierres angulaires de la vision athée du monde, telles que le matérialisme strict ou l'évolution aveugle, se heurtent à des découvertes qui suggèrent un ordre cosmique, une précision extrême dans les lois de la nature, et des mécanismes biologiques d'une complexité stupéfiante. Ces éléments semblent de plus en plus compatibles avec l'idée d'un univers conçu avec un but et une intention sous-jacente.

Ainsi, la relation entre science et athéisme, autrefois perçue comme un partenariat fort, subit aujourd'hui une réévaluation. Ce déclin progressif de l'athéisme face aux vérités scientifiques émergentes soulève de nouvelles questions fondamentales sur l'origine de l'univers et la place de l'humanité dans ce vaste cosmos. La science, autrefois considérée comme un allié de l'athéisme, semble aujourd'hui pointer vers des réalités qui dépassent le cadre des explications purement matérialistes, invitant à une réflexion plus profonde sur la possibilité d'une réalité transcendante.

Conclusion

L'évolution historique de la relation entre l'athéisme et la science montre une transition marquée par des phases de renforcement mutuel, mais aussi de remise en question. Les découvertes scientifiques récentes, loin de confirmer les hypothèses matérialistes qui sous-tendent l'athéisme, semblent au contraire indiquer l'existence d'un ordre cosmique qui soulève des questions philosophiques et métaphysiques profondes. Ces éléments suggèrent que la science pourrait bien, à l'avenir, se révéler être un point d'appui pour des conceptions plus spirituelles ou théistes de l'univers, marquant ainsi un tournant dans la réflexion sur l'origine de la vie et de l'univers.

Problématique :

Comment les découvertes scientifiques modernes remettent-elles en question les positions athées ? La science a-t-elle contribué à démontrer l'existence d'un ordre cosmique précis qui défie les explications matérialistes ?

L'athéisme, en tant que position philosophique, repose souvent sur une vision matérialiste de l'univers, où toute explication des phénomènes naturels, de l'origine de la vie, et du fonctionnement du cosmos est réduite à des processus purement mécaniques ou aléatoires, sans nécessiter l'intervention d'un créateur ou d'une intelligence supérieure. Pourtant, les découvertes scientifiques des dernières décennies ont mis en lumière des aspects de l'univers qui défient cette approche matérialiste simpliste, remettant en question plusieurs piliers sur lesquels reposait l'athéisme moderne.

1. Le "fine-tuning" de l'univers : la précision cosmique

Une des découvertes les plus frappantes dans le domaine de la cosmologie est l'idée du « *fine-tuning* » de l'univers, ou l'ajustement extrêmement précis des constantes fondamentales de la physique qui permettent à l'univers d'exister tel qu'il est. Il a été démontré que plusieurs paramètres essentiels – comme la force de la gravité, la constante cosmologique, ou encore la charge électrique de l'électron – doivent avoir des valeurs extraordinairement précises pour que la vie, telle que nous la connaissons, puisse exister. Si ces constantes étaient modifiées, même légèrement, l'univers serait soit trop instable pour former des galaxies et des étoiles, soit trop chaotique pour permettre l'émergence de la vie.

Les explications matérialistes traditionnelles peinent à justifier cet ajustement extrêmement précis. La probabilité que ces paramètres soient aussi bien réglés par pur hasard est si infime qu'elle défie l'imagination. Cette observation a conduit de nombreux physiciens et philosophes à envisager la possibilité d'un ordre intentionnel sous-jacent, voire d'une intelligence créatrice qui aurait « réglé » ces constantes de manière à permettre l'apparition d'un univers cohérent et habitable. Cette hypothèse va à l'encontre de la position athée classique qui rejette toute idée de dessein dans la nature, et soutient au contraire l'idée d'un univers fondamentalement aléatoire.

2. L'origine de l'univers et la théorie du Big Bang

Le modèle du Big Bang, aujourd'hui accepté par la majorité des cosmologistes, indique que l'univers a eu un commencement. Selon cette théorie, l'univers est né il y a environ 13,8 milliards d'années d'un point extrêmement dense et chaud, et a depuis lors été en expansion. Ce début dans le temps contredit directement certaines visions athées anciennes qui postulaient un univers éternel, sans début ni fin, permettant ainsi d'éviter toute question sur une cause première ou un créateur.

Le concept d'un univers ayant un commencement soulève inévitablement la question de ce qui a causé ce début. Pourquoi quelque chose plutôt que rien ? Cette interrogation transcende les explications scientifiques classiques et introduit un élément métaphysique. Même si certaines théories, comme celle du multivers, tentent d'expliquer l'origine de notre univers à partir d'une infinité d'univers possibles, ces hypothèses restent spéculatives et ne résolvent pas le problème fondamental de l'origine. La question de la cause première, dans un cadre théiste, trouve plus facilement réponse dans l'idée d'un Créateur qui a mis en place les conditions initiales du Big Bang.

3. La complexité de la vie et les limites du darwinisme

La théorie de l'évolution de Charles Darwin, qui suggère que la diversité de la vie sur Terre résulte de processus aveugles de sélection naturelle et de mutations aléatoires, a longtemps été considérée comme une arme puissante contre les croyances religieuses et la nécessité d'un créateur. Cependant, les avancées en biologie moléculaire et en génétique ont révélé une complexité bien plus grande dans les mécanismes de la vie que ce que Darwin pouvait imaginer.

L'exemple du code génétique, qui régit l'ensemble des processus biologiques, est un cas emblématique. Ce code, une séquence d'instructions extraordinairement complexe et bien organisée, semble davantage refléter une sorte de programmation sophistiquée qu'un simple accident aléatoire. L'apparition d'une structure aussi ordonnée et d'une information aussi précise pose problème pour les explications purement matérialistes. Si l'évolution par sélection naturelle explique certaines adaptations, elle ne répond pas pleinement à la question de l'origine des premières molécules auto-réplicantes ou de la complexité irréductible de certaines structures biologiques, telles que l'œil humain ou les moteurs moléculaires comme le flagelle bactérien.

Les explications matérialistes semblent donc de plus en plus limitées face à cette complexité, conduisant certains scientifiques et penseurs à envisager l'idée d'un *design* intelligent sous-jacent aux mécanismes de la vie. Cette hypothèse contredit directement les positions athées, qui refusent l'idée d'une quelconque intention ou dessein derrière les phénomènes naturels.

4. L'émergence de la conscience

Un autre défi majeur pour les explications athées et matérialistes réside dans le phénomène de la conscience humaine. La capacité de l'esprit humain à réfléchir sur lui-même, à produire des idées abstraites et à percevoir des réalités immatérielles, telles que la morale ou la beauté, semble difficilement explicable par les seuls processus chimiques du cerveau. Les neurosciences, bien qu'ayant fait des progrès considérables dans la compréhension du fonctionnement cérébral, peinent encore à expliquer comment des interactions neuronales peuvent produire des expériences subjectives et conscientes.

Cette incapacité à fournir une explication matérialiste complète de la conscience a conduit certains philosophes à se tourner vers des solutions dualistes ou théistes, suggérant que la conscience pourrait être le reflet d'une réalité spirituelle ou immatérielle, plutôt qu'un simple sous-produit de la matière. Ces perspectives remettent en question l'idée athée que tout phénomène, y compris la conscience humaine, peut être réduit à une explication purement physique.

Conclusion

Les découvertes scientifiques modernes, qu'elles proviennent de la cosmologie, de la biologie ou des neurosciences, posent des défis importants aux explications athées et matérialistes. Le *fine-tuning* de l'univers, l'origine du cosmos, la complexité de la vie et l'émergence de la conscience sont autant de phénomènes qui suggèrent l'existence d'un ordre sous-jacent qui échappe aux simples lois du hasard et du matérialisme aveugle.

Importance de la recherche : Mettre en lumière les transformations idéologiques face à l'effondrement de certaines théories matérialistes sur lesquelles reposaient des idéologies athées

Depuis plusieurs siècles, l'athéisme s'est appuyé sur un ensemble de théories matérialistes pour justifier une vision du monde dans laquelle l'existence de Dieu ou d'une transcendance était jugée inutile ou même impossible. Les grandes idéologies athées du XIXe et du XXe siècle, qu'il s'agisse du marxisme, du darwinisme ou du freudisme, ont façonné une conception de la réalité fondée exclusivement sur la matière et les lois naturelles. Cependant, ces fondements théoriques ont subi de profondes transformations à la lumière des découvertes scientifiques récentes et des avancées philosophiques. Cette recherche vise à examiner ces bouleversements et à mettre en lumière l'effondrement progressif de certaines idéologies matérialistes sur lesquelles l'athéisme moderne reposait.

1. L'effondrement des fondations matérialistes

Pendant longtemps, les théories matérialistes ont offert à l'athéisme une solide assise intellectuelle. La théorie de l'évolution de Charles Darwin, par exemple, fournissait une explication naturaliste convaincante de l'apparition et de la diversité de la vie, rendant superflue l'intervention divine. De même, le marxisme offrait une vision matérialiste de l'histoire humaine, où les conflits économiques déterminaient l'évolution des sociétés, sans recours à des concepts métaphysiques comme la Providence ou le destin. Enfin, la psychanalyse de Sigmund Freud décrivait les croyances religieuses comme des illusions psychologiques, des produits du subconscient destinés à apaiser les angoisses humaines face à l'inconnu.

Cependant, ces grands systèmes de pensée matérialistes ont vu leur influence diminuer à mesure que leurs faiblesses internes sont devenues apparentes, et que les découvertes scientifiques modernes ont révélé des aspects de la réalité que ces théories ne peuvent pleinement expliquer.

2.1 La remise en question du darwinisme

Le darwinisme, qui expliquait l'évolution des espèces par le mécanisme de la sélection naturelle et les mutations aléatoires, a longtemps été l'un des piliers de la pensée athée. Toutefois, avec les avancées de la biologie moléculaire et de la génétique, des questions se sont posées sur la capacité de la sélection naturelle à expliquer des structures d'une complexité immense et d'une précision exceptionnelle, telles que le code génétique ou certains organes biologiques comme l'œil humain.

De plus, la théorie de la complexité irréductible, défendue par certains biologistes, soutient que certaines structures biologiques ne peuvent fonctionner qu'une fois entièrement formées et ne peuvent donc pas être le résultat d'un processus évolutif graduel. Ces défis scientifiques remettent en cause l'idée selon laquelle les mécanismes évolutifs aléatoires peuvent, à eux seuls, expliquer l'apparition de la vie dans toute sa diversité et sa complexité. Cela affaiblit l'une des bases centrales de l'athéisme, qui voyait dans l'évolution une explication purement matérialiste et autonome du monde vivant.

2.2 L'échec du marxisme

Le marxisme, fondé sur une interprétation matérialiste de l'histoire, postulait que les luttes des classes et les conditions économiques étaient les moteurs fondamentaux du développement des sociétés humaines. Selon Karl Marx, la religion n'était qu'un « opium du peuple », un outil utilisé par les classes dominantes pour endormir les masses et maintenir leur pouvoir. Cependant, au fil du temps, l'application pratique du marxisme dans plusieurs pays a conduit à des échecs économiques et sociaux, notamment en Union soviétique et en Chine, remettant en question la validité de cette approche purement matérialiste de la réalité sociale.

De plus, l'analyse marxiste ne parvient pas à expliquer certains aspects fondamentaux de l'expérience humaine, tels que la quête de sens, la moralité, ou l'émergence de la spiritualité, qui persistent même dans des contextes économiques divers. Les sociétés post-marxistes ont montré que la suppression de la religion ou de la dimension spirituelle de l'homme ne résout pas les problèmes sociaux ou existentiels ; au contraire, elle peut les aggraver. Cela a conduit à une réévaluation critique du matérialisme historique et de l'idée selon laquelle les croyances religieuses sont simplement un sous-produit des conditions économiques.

2.3 La crise du freudisme

Sigmund Freud, souvent considéré comme l'un des critiques les plus influents de la religion, voyait dans la croyance en Dieu une projection des désirs inconscients et des angoisses infantiles. Il affirmait que la religion n'était qu'une illusion, une tentative d'apaiser la peur humaine de la mort et de l'incertitude. Cependant, les avancées en psychologie et en neurosciences ont considérablement affaibli ces thèses.

Tout d'abord, les recherches contemporaines montrent que les expériences religieuses et spirituelles ne sont pas uniquement liées à des traumatismes psychologiques ou des états névrotiques, comme Freud le pensait. Au contraire, de nombreuses études en psychologie positive ont démontré que la religion et la spiritualité jouent un rôle important dans le bien-être émotionnel, la résilience, et le développement moral des individus. De plus, la psychanalyse freudienne elle-même a perdu de sa crédibilité scientifique en tant que méthode explicative générale, au profit de modèles plus empiriques et rigoureux.

3. L'émergence d'une nouvelle réflexion métaphysique

Avec l'effondrement progressif de ces théories matérialistes, on assiste aujourd'hui à une réévaluation des grandes questions métaphysiques. Alors que les idéologies athées avaient tenté d'évacuer toute notion de transcendance ou d'intention dans l'univers, les découvertes scientifiques récentes, notamment en physique et en cosmologie, invitent à une réflexion plus nuancée.

L'idée que l'univers est réglé avec une précision extrême, ce qu'on appelle le *fine-tuning*, ou la difficulté à expliquer certains phénomènes comme l'apparition de la conscience humaine, remettent en question les positions purement matérialistes. Ces éléments semblent indiquer l'existence d'un ordre sous-jacent et intelligent qui transcende les explications naturelles habituelles.

Ce tournant idéologique signifie un retour vers une nouvelle forme de spiritualité ou de théisme rationnel, qui accepte l'idée que l'univers pourrait être le produit d'une intelligence créatrice, sans pour autant renier les découvertes scientifiques. Les notions de « dessein intelligent » ou d'« ordre cosmique » sont de plus en plus explorées dans les milieux philosophiques et scientifiques, marquant une transformation majeure dans la manière de penser le lien entre science et métaphysique.

Conclusion

L'importance de cette recherche réside dans sa capacité à éclairer les transformations idéologiques qui accompagnent l'effondrement progressif des théories matérialistes. Alors que ces théories avaient longtemps servi de fondement à l'athéisme, les découvertes scientifiques récentes et les échecs des grandes idéologies matérialistes ont conduit à une réévaluation de la place de la transcendance et du spirituel dans la compréhension de l'univers. Il s'agit de prouver l'existence d'Allah, de souligner que les positions purement athées sont de plus en plus contestées à la lumière des nouvelles données scientifiques et philosophiques.

Première partie : L'athéisme à l'ère de la science

Définition de l'athéisme

L'athéisme se définit par l'absence de croyance en l'existence de Dieu ou de toute divinité. Contrairement à l'agnosticisme, qui se positionne sur l'incertitude quant à l'existence de Dieu, l'athéisme affirme, explicitement ou implicitement, que les concepts divins sont des constructions humaines dénuées de fondement. C'est une position philosophique qui s'oppose aux explications religieuses du monde et des phénomènes naturels, souvent privilégiant une approche basée sur la raison, l'observation empirique et la méthode scientifique.

Origines de l'athéisme

Bien que des formes rudimentaires d'athéisme aient existé dans l'Antiquité, en particulier chez certains philosophes grecs comme Démocrite ou Épicure, c'est à l'ère des Lumières, au XVIIIe siècle, que l'athéisme a véritablement pris forme en tant que courant intellectuel cohérent. Cette époque fut marquée par une remise en question des autorités religieuses et politiques traditionnelles, ainsi que par une montée en puissance de la pensée rationnelle et empirique. Les Lumières ont vu l'émergence de l'idée que la raison humaine, plutôt que la foi ou la révélation divine, devait être la base principale de la compréhension du monde.

Des philosophes comme Voltaire, Diderot, et d'autres figures du siècle des Lumières ont joué un rôle clé dans cette transformation intellectuelle. Ils ont encouragé la critique de l'Église et des dogmes religieux, et ont promu des idées d'autonomie individuelle et de liberté de pensée. Cependant, la plupart des philosophes des Lumières n'étaient pas strictement athées ; ils étaient souvent déistes, c'est-à-dire qu'ils croyaient en un Dieu créateur qui n'intervenait plus dans le monde après l'avoir mis en place.

L'athéisme en tant que négation de l'existence de Dieu est véritablement apparu dans cette période, mais de manière marginale. La plupart des penseurs osaient à peine adopter publiquement une position athée par crainte de persécutions religieuses ou sociales. Pourtant, l'athéisme commençait déjà à se structurer, notamment à travers les premiers traités matérialistes qui prônaient une vision du monde exclusivement basée sur la matière et les lois naturelles.

Le développement intellectuel de l'athéisme au XIXe siècle

Le XIXe siècle a marqué une étape cruciale dans l'évolution de l'athéisme, avec l'émergence de plusieurs courants intellectuels qui allaient radicalement remettre en cause les fondements religieux de la société occidentale. Parmi ces courants, le matérialisme scientifique, la philosophie du soupçon, et le marxisme se sont imposés comme des piliers de la pensée athée.

1. Le matérialisme scientifique

L'un des moments déterminants dans l'essor de l'athéisme fut la publication en 1859 de *L'Origine des espèces* par Charles Darwin. Sa théorie de l'évolution, qui postulait que toutes les espèces, y compris l'homme, avaient évolué par un processus de sélection naturelle, offrait une explication alternative à la création divine. Cela mettait en péril l'un des arguments principaux des religions monothéistes : l'idée que l'homme avait été créé à l'image de Dieu. En rendant la création divine superflue, Darwin offrait un soutien puissant aux théories matérialistes de l'époque, qui voyaient dans la matière et les lois naturelles les seules forces à l'œuvre dans l'univers.

Le darwinisme, bien que combattu par les autorités religieuses, s'est progressivement imposé dans les milieux scientifiques et a été perçu comme une confirmation du matérialisme. Ce matérialisme scientifique a constitué l'un des piliers de l'athéisme moderne, en renforçant l'idée que tout phénomène naturel, y compris la vie, pouvait s'expliquer sans recours à une intervention divine.

2. La philosophie du soupçon : Nietzsche, Marx et Freud

Le XIXe siècle a également vu l'émergence de ce que le philosophe Paul Ricœur a appelé la « philosophie du soupçon », incarnée par Friedrich Nietzsche, Karl Marx, et Sigmund Freud. Ces trois penseurs ont radicalement remis en question les fondements religieux et métaphysiques de la société occidentale.

- **Friedrich Nietzsche** : Nietzsche, avec son célèbre aphorisme « Dieu est mort », a marqué un tournant dans la critique de la religion. Pour lui, l'idée de Dieu était une construction humaine, utilisée pour soumettre les individus à des systèmes moraux restrictifs. En déclarant la mort de Dieu, Nietzsche proposait de libérer l'humanité des valeurs religieuses et d'imaginer un nouvel ordre moral fondé sur la volonté de puissance et la créativité humaine. L'athéisme de Nietzsche n'était pas simplement une absence de foi ; il représentait une affirmation de la vie sans recours à une transcendance.
- **Karl Marx** : Marx, quant à lui, voyait la religion comme un outil d'oppression sociale, un « opium du peuple » qui permettait aux classes

dirigeantes de maintenir les masses dans la soumission. Pour Marx, l'athéisme n'était pas seulement une question philosophique, mais un élément central de la lutte des classes. La suppression de la religion faisait partie intégrante du processus révolutionnaire qui devait mener à une société sans classes.

- **Sigmund Freud** : Freud, en tant que père de la psychanalyse, a proposé une explication psychologique de la religion, la voyant comme une projection des désirs et des angoisses humaines. Selon lui, la croyance en Dieu était une illusion, une tentative inconsciente de l'esprit humain de gérer les peurs liées à la mort et à l'impuissance. En déconstruisant les racines psychologiques de la foi, Freud a fourni une justification supplémentaire à l'athéisme, en le liant à une maturation psychologique et à une émancipation de la superstition.

L'athéisme au XXe et XXIe siècle : Modernité et défis contemporains

Au XXe siècle, l'athéisme a gagné en légitimité intellectuelle et s'est institutionnalisé dans certains régimes politiques, notamment dans les États communistes comme l'Union soviétique, où la religion était réprimée au profit d'une idéologie matérialiste d'État. Dans ces contextes, l'athéisme n'était plus seulement une position philosophique, mais devenait un outil de gouvernance, intégrant des visions du monde radicalement matérialistes et anti-religieuses.

En parallèle, dans les démocraties occidentales, l'athéisme a bénéficié d'un environnement intellectuel de plus en plus favorable à la laïcité et à la critique des institutions religieuses. Des auteurs comme Jean-Paul Sartre et Albert Camus, figures de l'existentialisme, ont continué à développer une vision athée de l'existence humaine, affirmant que l'homme devait trouver son propre sens à la vie sans recours à une quelconque transcendance.

Avec l'avènement de la science moderne et les progrès de la technologie, l'athéisme est devenu plus répandu, en particulier dans les pays industrialisés. Les découvertes en astrophysique, en biologie, et en neurosciences semblaient renforcer l'idée que les réponses aux grandes questions de l'humanité pouvaient être trouvées sans invoquer un créateur. Le mouvement du « Nouvel Athéisme », incarné par des figures comme Richard Dawkins, Christopher Hitchens, et Sam Harris, a cherché à promouvoir activement cette vision du monde, en combattant non seulement la religion institutionnelle, mais aussi l'idée même de Dieu.

Les défis contemporains

Cependant, malgré sa popularité croissante dans certaines régions du monde, l'athéisme fait face à de nouveaux défis intellectuels et scientifiques. Les découvertes en cosmologie, notamment le concept du *fine-tuning* (ajustement précis des constantes fondamentales de l'univers), la complexité de la vie biologique et l'émergence de la conscience, remettent en question la vision matérialiste simple sur laquelle l'athéisme a souvent reposé. Des débats se sont également intensifiés autour de la compatibilité entre science et spiritualité, et certains scientifiques contemporains, tout en rejetant les religions traditionnelles, se montrent plus ouverts à l'idée d'une dimension transcendantale ou d'un ordre sous-jacent à l'univers.

Conclusion

L'athéisme, de ses premières expressions à l'ère des Lumières à son développement au XXIe siècle, a connu un parcours intellectuel riche et complexe. Appuyé sur des bases matérialistes pendant des siècles, il a servi de cadre critique aux explications religieuses de l'univers. Toutefois, l'athéisme contemporain se trouve confronté à de nouveaux défis scientifiques et philosophiques qui le poussent à réévaluer ses positions. Alors que la science continue de révéler la complexité et l'ordre apparent du cosmos, les défenseurs de l'athéisme sont appelés à affiner leur argumentation face à des questions métaphysiques toujours plus profondes.

L'athéisme et la science : Perspective historique de leur relation

Introduction

L'athéisme et la science ont entretenu une relation complexe au fil des siècles, oscillant entre convergence et opposition. Au XVIIIe et XIXe siècles, l'essor des découvertes scientifiques a souvent été perçu par les intellectuels comme un outil puissant pour remettre en question les dogmes religieux et soutenir une vision matérialiste du monde. Dans cette perspective historique, la science a joué un rôle central en fournissant des explications naturelles aux phénomènes qui, jusqu'alors, étaient attribués à des causes divines. Ce texte se propose d'explorer comment, à travers les révolutions scientifiques des Lumières et de la période moderne, la science a été perçue comme un allié de l'athéisme, en particulier au XVIIIe et XIXe siècles.

1. Le XVIIIe siècle : L'ère des Lumières et la critique religieuse

Le XVIIIe siècle, période communément appelée l'« ère des Lumières », marque le début de la montée en puissance de la raison et de la science comme sources privilégiées de connaissance. Durant cette époque, de nombreux penseurs des Lumières ont vu dans la science un outil permettant de démystifier le monde et de libérer l'humanité des croyances religieuses jugées irrationnelles. La religion, particulièrement le christianisme en Europe, dominait la vie intellectuelle et sociale, imposant une vision du monde centrée sur la création divine et la Providence. Cependant, avec les progrès de la méthode scientifique, de plus en plus de penseurs ont commencé à remettre en question ces explications théologiques.

1.1 Les premiers matérialistes

Un des courants majeurs qui a favorisé l'essor de l'athéisme au XVIIIe siècle est le matérialisme, qui postule que seule la matière existe et que les phénomènes naturels peuvent être expliqués par les lois physiques sans avoir besoin de recourir à l'intervention divine. Des penseurs comme Julien Offray de La Mettrie, avec son ouvrage *L'Homme-Machine* (1747), ont suggéré que l'être humain n'était qu'une machine complexe et que son fonctionnement pouvait être compris en termes purement mécaniques, sans âme ni divinité. Ces idées trouvaient leur soutien dans les avancées scientifiques de l'époque, notamment en physique et en biologie, qui montraient que de nombreux phénomènes, auparavant attribués à Dieu, pouvaient être expliqués par des processus naturels.

1.2 Les philosophes des Lumières : Voltaire, Diderot et d'autres

Les philosophes des Lumières ont joué un rôle clé dans l'utilisation de la science pour soutenir une vision laïque du monde. Voltaire, bien qu'il ne fût pas athée au sens strict, critiquait vivement les superstitions religieuses et les dogmes qu'il jugeait incompatibles avec la raison. De même, Denis Diderot, l'un des co-auteurs de *L'Encyclopédie*, voyait dans la science un moyen d'éclairer l'humanité et de la libérer des chaînes de l'obscurantisme religieux. L'*Encyclopédie* elle-même, en tant que projet intellectuel, visait à compiler et diffuser les connaissances scientifiques de l'époque, dans l'espoir de favoriser un monde gouverné par la raison plutôt que par la foi.

Pour Diderot et d'autres matérialistes, la science permettait de comprendre le monde d'une manière qui rendait obsolètes les explications religieuses. Les philosophes des Lumières se sont efforcés de construire une vision du monde basée sur l'observation empirique, rejetant toute idée de révélation divine ou de surnaturel. Dans ce cadre, la science devenait l'outil par excellence pour comprendre les mécanismes de la nature, tandis que la religion était vue comme une forme de superstition archaïque destinée à disparaître à mesure que l'humanité progressait.

2. Le XIXe siècle : L'essor du positivisme et de l'évolutionnisme

Le XIXe siècle a marqué un tournant décisif dans la relation entre l'athéisme et la science. Ce siècle a vu l'émergence du positivisme, une philosophie qui prônait la primauté de la science et de la connaissance empirique comme seules sources de vérité. En parallèle, les théories de l'évolution ont offert une explication naturaliste à l'origine de la vie, mettant ainsi à mal les doctrines religieuses sur la création.

2.1 Le positivisme d'Auguste Comte

Le positivisme, développé par Auguste Comte, soutenait que la connaissance humaine passait par trois stades : le stade théologique (où les explications du monde reposaient sur les dieux), le stade métaphysique (où des forces abstraites étaient invoquées pour expliquer les phénomènes naturels), et enfin le stade positif (où seule la science fondée sur l'observation et l'expérimentation était capable d'expliquer la réalité). Selon Comte, l'humanité était arrivée à ce stade positif, et la science représentait la forme ultime de connaissance.

Dans cette perspective, la religion et l'athéisme étaient vus comme des étapes transitoires dans l'évolution de la pensée humaine, la première étant dépassée par la seconde. Le positivisme appelait ainsi à une réorganisation de la société autour de la science et du savoir empirique, en écartant les croyances religieuses au profit d'une vision laïque du monde. Le développement des sciences, notamment en physique et en chimie, renforçait cette idée que la nature pouvait être comprise par des lois fixes, indépendantes de toute intervention divine.

2.2 La révolution darwinienne

Un des événements les plus marquants du XIXe siècle fut la publication en 1859 de *L'Origine des espèces* par Charles Darwin. Sa théorie de l'évolution par sélection naturelle offrait une explication naturaliste de l'apparition et du développement de la vie sur Terre. En décrivant un processus graduel de transformation des espèces, Darwin a non seulement remis en question la version littérale de la Genèse, mais a également donné une base scientifique solide à une vision du monde où l'intervention divine devenait inutile.

La théorie de l'évolution a rapidement été adoptée par les intellectuels matérialistes comme un puissant argument contre les croyances religieuses. Elle permettait d'expliquer la diversité du vivant sans avoir recours à un créateur. Les penseurs athées voyaient dans cette théorie une preuve supplémentaire que la science pouvait fournir des réponses aux questions que la religion avait historiquement monopolisées, notamment celles concernant l'origine de la vie et de l'humanité.

2.3 Le matérialisme scientifique et la philosophie du soupçon

Dans la lignée de Darwin, des penseurs comme Karl Marx et Friedrich Engels ont intégré les découvertes scientifiques à leurs systèmes philosophiques, en particulier dans le cadre du matérialisme dialectique. Pour Marx, l'évolution des sociétés humaines était déterminée par des forces matérielles, et non par une quelconque Providence. Il considérait la religion comme un outil d'oppression des masses, et la science comme un moyen de libération intellectuelle. De même, Friedrich Nietzsche, avec son célèbre aphorisme « Dieu est mort », a souligné que l'évolution des idées et des valeurs humaines devait se libérer de la tutelle des explications religieuses.

La science était ainsi perçue comme une clé pour démanteler les systèmes de croyance théologiques et pour promouvoir un humanisme laïque, fondé sur la capacité humaine à comprendre et à maîtriser le monde par la raison et l'observation. Freud, pour sa part, a poursuivi cette démarche dans le domaine de la psychologie en suggérant que les croyances religieuses étaient des projections psychologiques issues des peurs et des désirs inconscients.

3. Science et athéisme au tournant du XXe siècle

À la fin du XIXe siècle et au début du XXe siècle, l'athéisme scientifique s'est institutionnalisé dans certaines sociétés, notamment avec l'avènement du marxisme et du matérialisme dialectique dans des régimes politiques comme l'Union soviétique. La science, devenue un outil d'ingénierie sociale, était utilisée pour promouvoir un athéisme d'État, où la religion était perçue comme une réminiscence du passé à éradiquer au profit d'une société moderne, rationaliste et scientifique.

Cependant, à mesure que la science avançait dans des domaines comme la physique quantique ou la cosmologie, des questions nouvelles, parfois métaphysiques, ont émergé. Les débats philosophiques autour du déterminisme et du hasard, ainsi que les découvertes sur la structure de l'univers, ont ouvert des perspectives qui ne pouvaient plus être expliquées par le seul matérialisme du XIXe siècle. Ainsi, bien que la science ait largement soutenu l'athéisme au XVIIIe et XIXe siècles, elle n'a pas mis fin aux questionnements sur l'origine et la nature de l'univers, laissant place à de nouveaux débats entre les approches matérialistes et spirituelles.

Impact des découvertes scientifiques récentes : Comment la science a-t-elle modifié l'image de l'athéisme ?

Introduction

Au cours des dernières décennies, les avancées scientifiques ont profondément influencé la manière dont l'athéisme est perçu, tant dans les cercles académiques que dans la société en général. Alors que l'athéisme s'est historiquement articulé autour de la critique des croyances religieuses en s'appuyant sur le matérialisme et le rationalisme, certaines découvertes récentes en cosmologie, en biologie et en neurosciences ont suscité de nouvelles interrogations sur les fondements mêmes de l'athéisme. Dans ce contexte, ce texte examinera comment ces découvertes ont modifié l'image de l'athéisme et ont conduit à un renouveau des débats sur la nature de la réalité, l'origine de l'univers, et la question de la conscience.

1. Les découvertes en cosmologie et la question de l'origine de l'univers

1.1 Le Big Bang et l'origine de l'univers

L'une des découvertes les plus marquantes de la cosmologie moderne est la théorie du Big Bang, qui décrit l'univers comme ayant émergé d'un état extrêmement dense et chaud il y a environ 13,8 milliards d'années. Cette théorie a bouleversé notre compréhension de l'origine de l'univers et a soulevé des questions métaphysiques essentielles. Si l'univers a un commencement, cela suggère l'existence d'une cause ou d'une explication externe à sa naissance. Pour certains, cette cause peut être interprétée comme une force transcendantale ou un créateur, ce qui semble contredire l'athéisme traditionnel.

1.2 L'ajustement fin de l'univers

Une autre question qui a émergé est celle de l'ajustement fin (fine-tuning) de l'univers, qui fait référence à la façon dont certaines constantes fondamentales de la nature, telles que la gravité et la force électromagnétique, semblent être précisément réglées pour permettre l'émergence de la vie. Les découvertes en astrophysique indiquent que même de très légers changements dans ces constantes auraient rendu la vie impossible. Cette observation a été utilisée par certains théoriciens comme un argument en faveur d'une intelligence ou d'un créateur, défiant les explications athées qui reposent sur le hasard et le déterminisme.

2. Les avancées en biologie et la complexité de la vie

2.1 La biologie moléculaire et l'ADN

Les progrès en biologie moléculaire, notamment la découverte de la structure de l'ADN par Watson et Crick dans les années 1950, ont radicalement transformé notre compréhension des mécanismes de la vie. La complexité et la précision des systèmes biologiques ont conduit à des interrogations sur les origines de la vie. Si la vie est le résultat de processus chimiques et biologiques complexes, certains avancent que ces processus nécessitent un certain degré d'organisation et de conception, remettant en question la vision strictement matérialiste de l'évolution.

2.2 L'évolution et la complexité biologique

Bien que la théorie de l'évolution par sélection naturelle, proposée par Darwin, ait été un argument fort pour l'athéisme, des découvertes récentes sur la biologie évolutive, telles que la génétique des populations et l'épigénétique, montrent que les mécanismes évolutifs peuvent être plus complexes que le simple "survie du plus apte". Cela a conduit certains scientifiques et philosophes à considérer la possibilité d'une sorte de direction ou d'intentionnalité dans le processus évolutif, un point de vue qui pourrait sembler paradoxalement en accord avec des perspectives théistes.

3. Les neurosciences et la conscience humaine

3.1 La nature de la conscience

Les avancées en neurosciences ont également eu un impact significatif sur la perception de l'athéisme. La question de la conscience, de ses origines et de sa nature demeure l'un des plus grands défis de la science moderne. Alors que le matérialisme soutient que la conscience est le produit de processus neuronaux, des découvertes récentes sur la complexité et l'énigme de la conscience soulèvent des questions sur le lien entre le cerveau et l'esprit.

3.2 Les expériences de mort imminente et les états modifiés de conscience

Des études sur des expériences de mort imminente (EMI) et d'autres états modifiés de conscience ont mis en lumière des phénomènes qui échappent à l'explication matérialiste. Ces expériences, souvent rapportées par des personnes ayant frôlé la mort, incluent des perceptions de lumière, de paix, et des rencontres avec des êtres spirituels. Bien que ces expériences ne soient pas considérées comme des preuves de l'existence d'une vie après la mort, elles suscitent des interrogations sur la nature de la conscience et sa relation avec le corps, ouvrant ainsi un espace pour des discussions qui vont au-delà des limites de l'athéisme traditionnel.

4. Réévaluation de l'athéisme dans un contexte scientifique

4.1 Vers une vision plus nuancée

En raison de ces découvertes scientifiques, certains intellectuels et scientifiques commencent à réévaluer l'athéisme, en adoptant des positions plus nuancées. Au lieu de considérer l'athéisme comme une affirmation absolue de l'inexistence de Dieu, certains proposent une vision agnostique, qui reconnaît l'incertitude inhérente à notre compréhension de l'univers. Cette approche peut créer un terrain fertile pour le dialogue entre science et spiritualité, remettant en question la dichotomie stricte entre athéisme et théisme.

4.2 La quête de sens

La science moderne, avec ses découvertes fascinantes et souvent déroutantes, a redonné à de nombreuses personnes un sens de l'émerveillement face à l'univers. Cette quête de sens, loin d'être exclusivement religieuse, peut également inclure une exploration de questions métaphysiques qui transcendent les positions athées traditionnelles. L'athéisme, confronté à ces nouvelles perspectives, est amené à se redéfinir et à s'adapter à une réalité scientifique en constante évolution.

Conclusion

L'impact des découvertes scientifiques récentes sur l'image de l'athéisme est indéniable. Alors que la science a longtemps été perçue comme un outil soutenant les idées athées, les nouvelles avancées en cosmologie, en biologie et en neurosciences soulèvent des questions profondes qui remettent en question les certitudes traditionnelles. Ces découvertes signifient un retour à la foi religieuse, elles poussent à une réévaluation des perspectives athées, appelant à une réflexion plus nuancée sur la nature de l'univers, de la vie et de la conscience. Dans ce contexte, la science et la spiritualité pourraient trouver un terrain d'entente, ouvrant la voie à un dialogue enrichissant sur les grandes questions de l'existence humaine.

Deuxième partie : Le déclin de l'athéisme face à la science aujourd'hui

Introduction

Au XXIe siècle, la relation entre l'athéisme et la science connaît une évolution notable. Alors que l'athéisme se fondait traditionnellement sur une vision matérialiste et rationaliste du monde, des découvertes récentes en physique cosmique, biologie et biochimie remettent en question certaines des fondations sur lesquelles reposent les théories athées. Cette partie explorera comment ces vérités scientifiques ont ébranlé les postulats athées et ont ouvert la voie à une reconsidération de la place de la spiritualité dans un monde de plus en plus dominé par la science.

1. Les vérités de la physique cosmique

1.1 Le mystère de l'origine de l'univers

Les découvertes en physique cosmique, notamment la théorie du Big Bang, ont profondément changé notre compréhension de l'univers et de son origine. La constatation que l'univers a un commencement soulève des questions sur ce qui a pu provoquer cette création. Alors que certains athées affirment que l'univers est un phénomène autonome et que ses lois peuvent s'expliquer par le seul matérialisme, d'autres pensent que cette origine exige une cause ou un principe transcendant. Ce questionnement met en lumière les limites des explications purement athées face à des réalités qui semblent aller au-delà de notre compréhension actuelle.

1.2 L'ajustement fin de l'univers

L'ajustement fin, qui postule que certaines constantes fondamentales de l'univers sont réglées avec une précision telle qu'une légère variation rendrait la vie impossible, a également suscité des débats. Pour certains scientifiques et philosophes, cet ajustement semble indiquer qu'un certain degré de conception ou d'intention pourrait être impliqué dans l'univers. Cette notion contredit les idéologies athées qui voient l'univers comme un produit du pur hasard. Les arguments en faveur d'une "intelligence créatrice" prennent de l'ampleur, confrontant ainsi l'athéisme à des questions difficiles sur l'ordre cosmique.

2. Les découvertes en biologie et la complexité de la vie

2.1 L'ADN et la complexité de l'information biologique

Les avancées en biologie moléculaire, notamment la compréhension de l'ADN et de la complexité des systèmes biologiques, ont également ébranlé les théories athées. L'ADN, en tant que support de l'information génétique, démontre une complexité qui semble indiquer une forme de conception. Pour les théoriciens de l'évolution, cette complexité peut être expliquée par le biais de mécanismes évolutifs, mais certains scientifiques soutiennent que la quantité d'information contenue dans l'ADN dépasse ce que l'on pourrait attendre d'un processus purement aléatoire.

Cette question de la complexité biologique soulève des interrogations sur l'origine de la vie et sur la possibilité qu'il existe des forces ou des intelligences qui dépassent les explications matérialistes. La biochimie moderne a mis en lumière des systèmes biologiques d'une sophistication telle qu'ils sont souvent perçus comme allant au-delà de ce que le hasard pourrait produire.

2.2 Les origines de la vie

Les recherches sur l'origine de la vie sur Terre sont également devenues un sujet de débat. Les théories matérialistes traditionnelles, qui soutiennent que la vie est le résultat de processus chimiques fortuits, sont confrontées à des difficultés pour expliquer comment des systèmes aussi complexes que les cellules vivantes ont pu émerger à partir de molécules inorganiques. Les hypothèses qui envisagent des formes de vie prébiotiques et des processus biochimiques complexes n'excluent pas la possibilité d'interventions ou d'influences extérieures.

3. Les avancées en biochimie et la conscience humaine

3.1 La nature de la conscience

Les recherches en neurosciences et en biochimie ont également soulevé des questions sur la nature de la conscience. Alors que les théories matérialistes soutiennent que la conscience est simplement le produit de l'activité cérébrale, des phénomènes tels que l'intuition, les états de conscience modifiée, et les expériences subjectives de transcendance mettent en lumière des dimensions de la conscience qui échappent à une explication strictement matérialiste. Ce questionnement remet en cause la vision athée selon laquelle tout aspect de l'expérience humaine peut être réduit à des mécanismes biologiques.

3.2 Les expériences spirituelles et transcendantales

De nombreuses personnes rapportent des expériences spirituelles profondes qui semblent transcender les limites de la compréhension scientifique. Ces expériences, souvent liées à des états méditatifs, des pratiques religieuses ou des événements traumatiques, suggèrent que la conscience humaine pourrait impliquer des éléments qui dépassent le cadre matérialiste. Cette découverte interpelle l'athéisme traditionnel, qui a souvent négligé ces dimensions subjectives de l'expérience humaine.

Conclusion

Le déclin de l'athéisme face aux découvertes scientifiques contemporaines souligne la nécessité d'une réflexion critique sur les fondements de cette philosophie. Les vérités émergentes en physique cosmique, biologie et biochimie mettent en question les postulats matérialistes et ouvrent la voie à une redéfinition des concepts de création, d'ordre cosmique et de conscience. Dans ce contexte, l'athéisme n'est pas simplement en déclin, mais doit faire face à des défis qui l'obligent à reconsidérer ses certitudes. La science, loin d'être uniquement un outil de déconstruction des croyances religieuses, devient également un catalyseur de questions métaphysiques qui invitent à un dialogue renouvelé entre science et spiritualité.

La physique moderne : La théorie de la relativité et la mécanique quantique, et leurs défis à l'idée d'un univers aléatoire.

Introduction

La physique moderne, avec ses théories révolutionnaires telles que la théorie de la relativité et la mécanique quantique, a radicalement transformé notre compréhension de l'univers. Ces théories n'ont pas seulement modifié les paradigmes scientifiques, mais elles ont également soulevé des questions profondes sur la nature même de la réalité, défiant l'idée d'un univers aléatoire. Dans cette analyse, nous explorerons comment la relativité et la mécanique quantique remettent en cause le concept de hasard en révélant un ordre sous-jacent et des interconnexions qui transcendent les interprétations matérialistes.

1. La théorie de la relativité : Un nouvel ordre cosmique

1.1 Les fondements de la relativité

Proposée par Albert Einstein au début du XXe siècle, la théorie de la relativité comprend deux volets : la relativité restreinte et la relativité générale. La relativité restreinte, formulée en 1905, a introduit la notion que le temps et l'espace ne sont pas des entités indépendantes, mais plutôt des dimensions interconnectées d'un continuum espace-temps. Cette théorie a bouleversé notre compréhension de la simultanéité et du mouvement, établissant que la vitesse de la lumière est une constante universelle, indépendante du mouvement de l'observateur.

La relativité générale, développée en 1915, a élargi ces concepts en intégrant la gravité comme une déformation de l'espace-temps causée par la présence de masse. Selon cette théorie, les objets massifs influencent la structure de l'espace-temps, provoquant une courbure qui détermine le mouvement des corps célestes. Cette vision de l'univers souligne un ordre intrinsèque et prévisible, où les interactions sont régies par des lois fondamentales.

1.2 Un défi à l'aléatoire

La relativité générale, en particulier, remet en question l'idée d'un univers aléatoire. Dans un cadre relativiste, les trajectoires des corps célestes et les mouvements des planètes peuvent être prédits avec une grande précision, en fonction de leurs positions et de leurs vitesses initiales. Ce déterminisme inhérent à la relativité s'oppose à la vision d'un univers chaotique et aléatoire, suggérant que, même à une échelle cosmique, il existe des lois et un ordre sous-jacent qui façonnent notre réalité.

2. La mécanique quantique : Un monde d'incertitudes et d'interdépendances

2.1 Les principes fondamentaux de la mécanique quantique

La mécanique quantique, développée dans les premières décennies du XXe siècle par des physiciens tels que Max Planck, Niels Bohr et Werner Heisenberg, a introduit des concepts radicalement différents de ceux de la physique classique. À l'échelle subatomique, les particules ne se comportent pas comme des objets déterministes, mais plutôt comme des entités probabilistes. Par exemple, le principe d'incertitude d'Heisenberg stipule qu'il est impossible de connaître simultanément la position et la vitesse d'une particule avec une précision infinie.

Ce caractère probabiliste a longtemps été interprété comme une source d'aléatoire inhérente à la nature. Cependant, des interprétations récentes de la mécanique quantique, comme la théorie des multivers et l'interprétation de Copenhague, posent la question de savoir si cet aléatoire est véritablement aléatoire ou s'il résulte de notre manque de connaissance sur les systèmes quantiques.

2.2 Les interconnexions quantiques

Un des aspects les plus fascinants de la mécanique quantique est le phénomène d'intrication quantique, où deux particules peuvent devenir liées de manière telle que l'état de l'une influence instantanément l'état de l'autre, peu importe la distance qui les sépare. Ce phénomène suggère une interconnexion profonde et instantanée dans l'univers, défiant les notions classiques de séparation et d'indépendance.

Cette interdépendance quantique remet en question l'idée d'un univers aléatoire en soulignant que même à l'échelle la plus fondamentale, les événements peuvent être liés de manière non apparente et complexe. Les découvertes en mécanique quantique indiquent que la réalité pourrait être beaucoup plus interconnectée et ordonnée que ce que le matérialisme traditionnel pourrait laisser entendre.

3. Implications philosophiques

3.1 Un nouveau paradigme

Les révolutions de la relativité et de la mécanique quantique ont des implications philosophiques profondes. Elles incitent à reconsidérer les concepts de hasard et de déterminisme, suggérant qu'il existe un ordre sous-jacent et des relations complexes entre les phénomènes. Ce changement de paradigme pourrait réconcilier certains aspects de la science et de la spiritualité, car il ouvre la voie à une vision du monde où la causalité et l'ordre coexistent avec l'incertitude et l'interconnexion.

3.2 Vers une compréhension holistique

En intégrant les découvertes de la relativité et de la mécanique quantique, nous nous rapprochons d'une compréhension plus holistique de l'univers. Ce cadre nous permet de reconnaître que les événements ne sont pas simplement le résultat d'un hasard aléatoire, mais plutôt le produit d'interactions complexes au sein d'un système dynamique. Cette approche pourrait donner lieu à une réévaluation des fondements de l'athéisme et du matérialisme, tout en ouvrant la voie à des questions sur la nature de la réalité, de la conscience et de l'univers.

Conclusion

La physique moderne, à travers la théorie de la relativité et la mécanique quantique, remet en question l'idée d'un univers aléatoire et propose une vision d'ordre, de déterminisme et d'interconnexion. En révélant des lois fondamentales qui régissent notre réalité, ces théories transcendent les interprétations matérialistes traditionnelles et soulèvent des questions profondes sur la nature de l'existence. Ainsi, la science moderne, loin de soutenir une vision athée, ouvre plutôt un dialogue sur les interrelations entre l'univers, la conscience et, potentiellement, une dimension spirituelle qui mérite d'être explorée.

La cosmologie : Les théories sur l'origine de l'univers, comme le Big Bang, qui soutiennent l'idée d'un début précis, renforçant la notion d'une intervention divine

Introduction

La cosmologie, en tant que science qui étudie l'origine, l'évolution et la structure de l'univers, a connu des avancées majeures au cours du XXe siècle et du début du XXIe siècle. Parmi les découvertes les plus marquantes figure la théorie du Big Bang, qui propose une origine précise de l'univers. Cette théorie ne se limite pas à un simple modèle scientifique ; elle soulève également des questions métaphysiques profondes sur la nature de la création, suggérant une intervention divine. Dans cette analyse, nous explorerons comment la théorie du Big Bang et d'autres concepts cosmologiques renforcent l'idée d'un commencement de l'univers, et par conséquent, l'hypothèse d'une création guidée par une intelligence supérieure.

1. La théorie du Big Bang : Fondements et implications

1.1 Les bases de la théorie

La théorie du Big Bang, formulée dans les années 1920 par des scientifiques tels qu'Alexander Friedmann et Georges Lemaître, repose sur des observations clés, comme l'expansion de l'univers, découverte par Edwin Hubble. En observant le décalage vers le rouge des galaxies, Hubble a montré que celles-ci s'éloignent les unes des autres, ce qui implique que l'univers est en expansion. Cette expansion suggère qu'il existait un moment où toute la matière et l'énergie de l'univers étaient concentrées en un point extrêmement dense et chaud.

Ce moment d'origine, souvent décrit comme le "Big Bang", marque le début du temps, de l'espace et de toutes les forces fondamentales de la nature. La compréhension actuelle de la cosmologie postule que l'univers a commencé à s'étendre il y a environ 13,8 milliards d'années, à partir d'un état singulier.

1.2 Un commencement précis

Le Big Bang indique non seulement que l'univers a un commencement, mais il pose également des questions sur ce qui a pu précéder cet événement. Si le temps et l'espace ont commencé avec le Big Bang, alors il n'y a pas de "moment" antérieur à cet instant initial. Cette notion d'un commencement précis de l'univers est significative et pourrait être interprétée comme une indication d'une cause extérieure, souvent évoquée dans les discours sur l'intervention divine.

2. Les implications métaphysiques de l'origine de l'univers

2.1 La nécessité d'une cause première

Le concept de cause première est une idée philosophique ancienne, soutenue par des penseurs comme Aristote et Thomas d'Aquin. Dans le cadre de la cosmologie moderne, le Big Bang peut être vu comme une affirmation de l'existence d'une cause première ou d'une intelligence créatrice. Si l'univers a un début, cela suggère qu'il doit y avoir quelque chose qui l'a initié. Cette cause première pourrait être interprétée comme une divinité ou une force transcendantale, capable de provoquer le début de l'univers.

2.2 L'ordre et la complexité de l'univers

Les découvertes cosmologiques vont au-delà de la simple notion d'un commencement. Les lois de la physique, comme la gravité, l'électromagnétisme et les interactions nucléaires, régissent l'évolution de l'univers de manière cohérente et prévisible. Cette régularité et cet ordre observés dans la structure de l'univers peuvent être considérés comme des preuves d'une conception intelligente. La complexité et l'harmonie de l'univers, qu'il s'agisse des galaxies, des systèmes solaires ou des lois de la nature, renforcent l'idée d'une intervention divine.

3. Les réflexions contemporaines sur la création et la science

3.1 La science et la foi : une réconciliation possible

Avec l'essor de la cosmologie moderne, de nombreux scientifiques et philosophes ont commencé à explorer la possibilité d'une réconciliation entre science et foi. Plutôt que de voir la science comme une opposition à la croyance en Dieu, certains soutiennent que les découvertes scientifiques, y compris la théorie du Big Bang, peuvent enrichir la compréhension spirituelle de l'univers. Cette approche invite à considérer que la science peut être un moyen de dévoiler l'œuvre d'un créateur.

3.2 Les perspectives alternatives et les défis

Il est important de noter que la théorie du Big Bang n'est pas sans ses critiques. Certaines interprétations alternatives, comme celles issues des théories des multivers ou de l'inflation éternelle, remettent en question l'idée d'un commencement unique. Ces concepts suggèrent que notre univers pourrait n'être qu'un parmi une infinité d'autres, remettant en cause la notion de cause première. Cependant, même ces théories, en dépit de leur complexité, n'éliminent pas entièrement la possibilité d'une intention ou d'une cause transcendante.

Conclusion

La cosmologie moderne, avec des théories comme le Big Bang, offre une perspective fascinante sur l'origine de l'univers qui va au-delà des simples observations scientifiques. En affirmant un commencement précis, ces théories renforcent la notion d'une intervention divine, en suggérant qu'il existe une cause première qui a initié le cosmos. Ce cadre cosmologique invite à une réflexion profonde sur les relations entre science, philosophie et spiritualité, et ouvre la voie à un dialogue enrichissant entre la quête de vérité scientifique et la recherche de sens spirituel. Dans ce contexte, la cosmologie ne se limite pas à expliquer la structure de l'univers, mais devient également un outil pour explorer les questions les plus fondamentales sur l'existence et notre place dans le cosmos.

Troisième partie : L'effondrement des théories et idéologies dans les laboratoires scientifiques

Introduction

Au cours des dernières décennies, les avancées scientifiques ont conduit à une remise en question radicale de nombreuses théories et idéologies qui ont longtemps façonné notre compréhension du monde. Cet effondrement des théories matérialistes et athées, souvent soutenues par des penseurs influents tels que Darwin, Freud et Marx, se manifeste non seulement dans les résultats des recherches scientifiques, mais aussi dans l'évolution des paradigmes qui régissent notre vision de la réalité. Cette partie explore comment les laboratoires scientifiques ont révélé les failles de ces idéologies et ont ouvert la voie à une réévaluation des fondements de la connaissance humaine.

1. Les limites des théories matérialistes

1.1 La théorie de l'évolution et ses critiques

La théorie de l'évolution par sélection naturelle, proposée par Charles Darwin, a été l'un des piliers de l'idéologie matérialiste. Cette théorie a souvent été interprétée comme une explication complète de l'origine de la vie et de la diversité biologique, rejetant la nécessité d'une intervention divine. Cependant, les découvertes récentes en biologie moléculaire, en génétique et en paléontologie remettent en question certains aspects de cette théorie.

Les recherches sur l'ADN et les mécanismes complexes de l'hérédité montrent que l'évolution ne peut pas être entièrement expliquée par la sélection naturelle et le hasard. Par exemple, la découverte de l'épigénétique a révélé que des facteurs environnementaux peuvent influencer l'expression des gènes, suggérant que la transmission des caractéristiques n'est pas aussi simple qu'on le pensait. Ces découvertes soulèvent des questions sur l'origine de la vie et la complexité des systèmes biologiques, invitant à considérer des causes qui dépassent le cadre matérialiste.

1.2 Les théories de l'esprit et l'influence de Freud

Sigmund Freud, avec ses théories psychanalytiques, a également joué un rôle important dans la promotion d'une vision matérialiste de l'esprit humain. Selon Freud, la conscience et le comportement humains peuvent être entièrement expliqués par des mécanismes psychologiques et biologiques. Cependant, des recherches récentes en neurosciences et en psychologie cognitive révèlent des dimensions de la conscience humaine qui échappent à une explication strictement matérialiste.

Des expériences sur la conscience modifiée, les phénomènes de transcendance et même des études sur des états altérés de conscience révèlent que l'esprit humain est plus complexe que ce que Freud avait anticipé. Les nouvelles découvertes en neurosciences suggèrent que la conscience pourrait impliquer des aspects spirituels ou transcendantaux, remettant en question les fondements de l'athéisme psychologique et invitant à une exploration plus profonde de la nature de l'esprit.

2. L'effondrement des idéologies socio-économiques

2.1 L'impact de la théorie marxiste

Karl Marx a formulé une idéologie matérialiste qui a influencé des générations de penseurs et de mouvements politiques. Son analyse des classes sociales et du capitalisme a servi de base à de nombreux systèmes politiques dans le monde. Cependant, les échecs des régimes communistes et les crises économiques mondiales ont mis en lumière les limites des théories marxistes.

Les découvertes en économie comportementale et en sciences sociales ont révélé la complexité des interactions humaines et des motivations économiques, démontrant que les comportements ne peuvent pas être réduits à des modèles économiques simples. Ces études soulignent l'importance des valeurs culturelles, des croyances et des facteurs psychologiques dans la dynamique économique, invitant à une réévaluation des idéologies matérialistes qui ont dominé la pensée politique du XXe siècle.

2.2 La redécouverte de la spiritualité

Avec l'effondrement des théories matérialistes et des idéologies athées, un intérêt croissant pour la spiritualité et la recherche de sens émerge. De nombreux individus, en quête de réponses aux questions existentielles, se tournent vers des approches spirituelles et philosophiques qui intègrent des dimensions non matérialistes. Ce phénomène est particulièrement visible dans le contexte de la santé mentale, où des pratiques telles que la méditation et le yoga, qui engagent à la fois le corps et l'esprit, gagnent en popularité.

Cette renaissance spirituelle met en évidence la limitation des approches matérialistes et révèle un besoin humain fondamental d'explorer des dimensions de l'existence qui vont au-delà des explications scientifiques traditionnelles. Dans les laboratoires, les chercheurs commencent à intégrer des perspectives interdisciplinaires, reliant la science à des questions plus larges sur la nature de l'être humain et de l'univers.

3. Vers une science intégrative et holistique

3.1 L'émergence de nouvelles approches

Face à l'effondrement des théories matérialistes et athées, la science contemporaine évolue vers des approches plus intégratives et holistiques. Des disciplines comme la physique quantique, la biologie systémique et la psychologie transpersonnelle encouragent une vision du monde qui reconnaît l'interconnexion de tous les phénomènes. Ces approches s'efforcent de comprendre l'univers comme un système complexe où chaque élément interagit avec les autres, ouvrant la voie à une compréhension plus profonde de la réalité.

3.2 Une redéfinition de la recherche scientifique

Les laboratoires scientifiques deviennent des espaces d'exploration où les chercheurs interrogent non seulement les mécanismes matériels, mais aussi les dimensions spirituelles et transcendantales de l'existence. Ce changement de paradigme invite à considérer des questions sur la conscience, la signification et l'intentionnalité dans la nature. Les scientifiques, en intégrant des perspectives variées, peuvent offrir des réponses plus complètes aux grandes questions de l'existence humaine.

Conclusion

L'effondrement des théories matérialistes et athées dans les laboratoires scientifiques met en lumière les limites de ces idéologies et ouvre la voie à une réévaluation des fondements de notre compréhension du monde. Les découvertes en biologie, en psychologie et en sciences sociales révèlent la complexité et la profondeur de l'existence humaine, incitant à explorer des dimensions spirituelles et métaphysiques. Dans ce contexte, la science ne se limite pas à expliquer les phénomènes matériels, mais devient également un outil d'exploration des questions existentielles, de l'origine de la conscience et de notre place dans l'univers. Cette évolution pourrait marquer le début d'une nouvelle ère où science et spiritualité coexistent et se renforcent mutuellement, permettant ainsi d'atteindre une compréhension plus complète de la réalité.

Critique des théories matérialistes : Une vue critique des théories matérialistes sur lesquelles reposaient plusieurs idéologies athées telles que le darwinisme, le freudisme et le marxisme

Introduction

Les théories matérialistes ont joué un rôle fondamental dans le développement des idéologies athées modernes. Des penseurs influents tels que Charles Darwin, Sigmund Freud et Karl Marx ont formulé des concepts qui ont façonné la pensée occidentale en proposant des explications purement matérialistes pour des phénomènes aussi variés que l'évolution, le comportement humain et les dynamiques économiques. Cependant, ces théories sont désormais confrontées à des critiques de plus en plus nombreuses qui remettent en question leurs fondements et leurs implications. Ce texte explore ces critiques en examinant les failles inhérentes au darwinisme, au freudisme et au marxisme, ainsi que leurs impacts sur la compréhension de l'être humain et de l'univers.

1. Critique du darwinisme

1.1 Les fondements du darwinisme

La théorie de l'évolution par sélection naturelle, proposée par Charles Darwin dans son ouvrage "L'Origine des espèces" (1859), a été accueillie comme une explication complète de la diversité biologique. Selon cette théorie, les espèces évoluent à travers un processus de mutation génétique et de sélection naturelle, où les individus les mieux adaptés survivent et transmettent leurs caractéristiques à leur descendance.

1.2 Les limites de la sélection naturelle

Cependant, cette explication matérielle de l'évolution a été critiquée sur plusieurs points. D'une part, elle repose sur l'idée que les changements dans les espèces sont aléatoires et non dirigés. Des recherches récentes en biologie moléculaire et en génétique ont montré que des mécanismes tels que l'épigénétique peuvent influencer l'évolution de manière plus complexe que la simple sélection naturelle, remettant en question l'idée d'un processus entièrement aléatoire.

D'autre part, le darwinisme a souvent été utilisé pour justifier des idéologies social-darwinistes qui légitimaient la discrimination, le racisme et l'eugénisme, en affirmant que certaines races ou groupes sociaux étaient "plus adaptés" que d'autres. Ces dérives éthiques démontrent les dangers d'une vision matérialiste qui ignore les dimensions morales et spirituelles de l'existence humaine.

2. Critique du freudisme

2.1 Les postulats de la psychanalyse

Sigmund Freud a développé la psychanalyse comme un modèle de compréhension de l'esprit humain, postulant que les comportements, les pensées et les émotions sont principalement déterminés par des processus inconscients, souvent liés à des désirs réprimés. Son approche matérialiste a eu une influence considérable sur la psychologie, mais elle a également suscité des critiques.

2.2 Réductionnisme et limites

La critique principale du freudisme repose sur son réductionnisme. Freud a tendance à expliquer des comportements complexes par des pulsions sexuelles et agressives, négligeant d'autres facteurs psychologiques, sociaux et environnementaux. De plus, ses théories reposent souvent sur des échantillons non représentatifs et des interprétations subjectives des rêves et des comportements.

Les avancées récentes en psychologie cognitive et en neurosciences montrent que le comportement humain est influencé par un ensemble complexe de facteurs biologiques, sociaux et culturels. Cette complexité ne peut pas être adéquatement expliquée par les postulats freudiens, ce qui remet en question la validité de sa théorie comme fondement de la compréhension psychologique.

3. Critique du marxisme

3.1 Les principes du marxisme

Karl Marx a formulé une analyse matérialiste des sociétés humaines, affirmant que les structures économiques déterminent les relations sociales et politiques. Son idéologie repose sur l'idée que l'histoire est le résultat de luttes de classes, où la classe prolétaire finira par renverser le capitalisme pour établir une société sans classes.

3.2 Échecs des idéologies marxistes

Cependant, le marxisme a été confronté à des critiques significatives, notamment à travers l'observation des échecs des régimes communistes dans le monde. Les tentatives de mise en œuvre de l'idéologie marxiste ont souvent conduit à des dictatures, à des violations des droits de l'homme et à des crises économiques. Ces résultats mettent en lumière les limites d'une approche matérialiste qui réduit les motivations humaines à des intérêts économiques, négligeant les valeurs culturelles, éthiques et spirituelles.

De plus, les théories marxistes ne tiennent pas compte de la capacité humaine à transcender les luttes de classes par le dialogue et la coopération, et elles ignorent la richesse de la diversité humaine au-delà des simples relations de production. Les recherches en sociologie et en anthropologie montrent que les interactions humaines sont bien plus complexes que les modèles marxistes ne le suggèrent.

4. Vers une redéfinition des paradigmes

4.1 L'émergence de nouvelles perspectives

Les critiques des théories matérialistes signalent un besoin urgent de redéfinir nos paradigmes de pensée. En réponse aux limites du darwinisme, du freudisme et du marxisme, des approches interdisciplinaires émergent, intégrant des perspectives scientifiques, philosophiques et spirituelles pour offrir une compréhension plus complète de l'être humain et de son environnement.

4.2 L'intégration de dimensions spirituelles

De plus en plus de chercheurs s'attachent à explorer la manière dont la science et la spiritualité peuvent coexister, soutenant l'idée qu'une vision intégrative est nécessaire pour appréhender les complexités de la condition humaine. Des concepts comme l'éthique biocentrique, la psychologie transpersonnelle et les théories systémiques invitent à prendre en compte des dimensions non matérialistes et à réévaluer notre compréhension de la conscience, de l'intention et de la finalité.

Conclusion

Les théories matérialistes qui ont façonné les idéologies athées du XIXe et XXe siècles, telles que le darwinisme, le freudisme et le marxisme, sont désormais confrontées à des critiques substantielles qui mettent en lumière leurs limites. En révélant les insuffisances de ces approches, il devient nécessaire de rechercher des perspectives plus holistiques qui intègrent des dimensions éthiques, culturelles et spirituelles. Cette redéfinition des paradigmes pourrait permettre de mieux comprendre l'être humain dans toute sa complexité, en reconnaissant que la vie ne peut être réduite à des explications strictement matérialistes. Dans cette quête de sens, la science et la spiritualité peuvent se rejoindre pour offrir une vision enrichie de l'existence humaine et de son rapport au cosmos.

La crise du darwinisme : Les défis scientifiques posés à la théorie darwinienne à la lumière de la génétique et des découvertes récentes en sciences de la vie

Introduction

La théorie de l'évolution par sélection naturelle, formulée par Charles Darwin dans son œuvre majeure *L'Origine des espèces* (1859), a longtemps été considérée comme l'un des fondements de la biologie moderne. Elle explique comment les espèces évoluent au fil du temps par le biais de mécanismes naturels. Cependant, la théorie darwinienne fait face à une crise croissante, exacerbée par les avancées en génétique et les découvertes récentes en sciences de la vie. Ce texte examine les défis scientifiques posés à la théorie darwinienne et explore comment ces nouvelles connaissances remettent en question certains de ses postulats fondamentaux.

1. Les fondements de la théorie darwinienne

1.1 La sélection naturelle

Au cœur de la théorie de Darwin se trouve le concept de sélection naturelle, qui suggère que les individus possédant des traits favorables à leur survie et à leur reproduction ont plus de chances de transmettre ces traits à leur descendance. Selon cette théorie, les changements au sein des espèces sont le résultat d'une accumulation progressive de variations génétiques favorables, provoquées par des mutations aléatoires.

1.2 L'interprétation de l'évolution

La vision darwinienne de l'évolution a été interprétée comme un processus linéaire et cumulatif, où chaque étape évolutive représente une adaptation améliorée à l'environnement. Cette interprétation a dominé la biologie pendant plus d'un siècle, influençant non seulement les sciences naturelles, mais aussi des domaines tels que la sociologie, la psychologie et l'économie.

2. Les avancées en génétique et en biologie moléculaire

2.1 La redécouverte de l'hérédité

L'une des principales critiques de la théorie darwinienne réside dans la redécouverte de la génétique au XXe siècle, en particulier grâce aux travaux de Gregor Mendel sur l'hérédité. Mendel a démontré que les traits étaient transmis selon des lois précises, en s'appuyant sur des gènes, et non uniquement par des variations aléatoires comme le proposait Darwin. Ce nouvel éclairage a conduit à la synthèse moderne de l'évolution, qui intègre la génétique mendélienne à la sélection naturelle.

2.2 Les mutations et la variation génétique

Les découvertes récentes en biologie moléculaire ont également mis en lumière la complexité des mécanismes d'évolution. Alors que Darwin postulait que les variations génétiques étaient principalement le résultat de mutations aléatoires, les chercheurs ont constaté que la variation génétique peut également résulter de mécanismes plus sophistiqués tels que la recombinaison génétique, la duplication de gènes et l'épigénétique. Ces mécanismes soulèvent des questions sur la nature du changement évolutif et sur le rôle de l'environnement dans la modulation des traits.

3. Les défis posés par la biologie moderne

3.1 L'émergence de la biologie systémique

L'émergence de la biologie systémique remet également en question l'approche darwinienne. Cette discipline se concentre sur l'étude des systèmes biologiques dans leur ensemble plutôt que sur des éléments isolés. Les recherches en biologie systémique montrent que les interactions entre les gènes, les protéines et les environnements jouent un rôle essentiel dans l'évolution des espèces, suggérant que l'évolution est un processus non linéaire et complexe.

3.2 La notion de "l'outil" de l'évolution

De plus, la biologie évolutive moderne a introduit des concepts tels que l'évolution dirigée et l'évolution par contraintes, qui indiquent que certains traits peuvent émerger en réponse à des pressions environnementales spécifiques plutôt qu'en raison d'une sélection naturelle aveugle. Ces découvertes suggèrent que les espèces ne sont pas simplement façonnées par la sélection naturelle, mais qu'elles possèdent également des mécanismes internes qui guident leur évolution.

4. La question de l'origine de la vie

4.1 Les limites du darwinisme en matière d'origine de la vie

Une autre critique importante du darwinisme concerne l'origine de la vie elle-même. La théorie darwinienne postule que l'évolution se produit après l'apparition de la vie, mais elle ne traite pas des mécanismes par lesquels la vie a émergé. Les recherches en biologie synthétique et en biochimie soulèvent des questions sur l'origine des molécules organiques et les premières étapes de l'évolution, remettant en question les hypothèses darwiniennes sur la manière dont la vie a commencé.

4.2 Les modèles alternatives

Des modèles alternatifs, tels que la théorie des réseaux métaboliques ou l'hypothèse des mondes ARN, proposent des explications qui vont au-delà de la simple sélection naturelle. Ces théories suggèrent que des processus chimiques prébiotiques pourraient avoir conduit à la formation de structures complexes, ouvrant ainsi la voie à l'émergence de la vie. Ces perspectives soulignent que l'évolution ne peut pas être comprise uniquement par les mécanismes darwiniens, mais doit également prendre en compte les origines et les interactions moléculaires.

5. Conclusion

La crise du darwinisme est révélatrice des défis scientifiques auxquels la théorie de l'évolution par sélection naturelle est confrontée à la lumière des découvertes récentes en génétique et en sciences de la vie. Les avancées en biologie moléculaire, en génétique, en biologie systémique et en biochimie mettent en lumière les limites de l'approche darwinienne et soulignent la nécessité d'une réévaluation des mécanismes de l'évolution.

La crise du freudisme : Comment plusieurs des idées de Freud se sont effondrées à la lumière des études psychologiques modernes basées sur l'expérience et les preuves

Introduction

Sigmund Freud, le père de la psychanalyse, a révolutionné la compréhension de la psyché humaine au début du XXe siècle. Ses théories, qui incluent des concepts tels que l'inconscient, les mécanismes de défense et les pulsions, ont profondément influencé la psychologie, la culture et la société. Cependant, au fil des décennies, de nombreuses idées de Freud ont été mises à l'épreuve par des recherches empiriques et des approches modernes en psychologie. Ce texte examine comment les idées freudiennes se sont effondrées face à l'accumulation de preuves et d'études psychologiques contemporaines, et comment cette crise a conduit à une redéfinition de la psychologie moderne.

1. Les concepts fondamentaux du freudisme

1.1 L'inconscient

Au cœur de la théorie freudienne se trouve le concept de l'inconscient, qui soutient que les pensées, les sentiments et les désirs refoulés influencent notre comportement et nos expériences conscientes. Freud a proposé que ces éléments inconscients, souvent de nature sexuelle ou agressive, doivent être explorés pour résoudre des conflits psychologiques.

1.2 Les mécanismes de défense

Freud a également développé l'idée de mécanismes de défense, qui sont des stratégies psychologiques que l'individu utilise pour gérer l'anxiété et maintenir une image positive de soi. Parmi ces mécanismes, on trouve la répression, la projection et la rationalisation, que Freud considérait comme des éléments cruciaux pour comprendre le comportement humain.

2. Les critiques des concepts freudiens

2.1 Manque de fondement empirique

L'un des principaux reproches adressés à la psychanalyse est son manque de fondement empirique. Les théories freudiennes reposent en grande partie sur des études de cas individuelles et des interprétations subjectives, plutôt que sur des recherches systématiques et reproductibles. Cela a conduit à des questions sur la validité scientifique des postulats freudiens.

2.2 L'évolution de la recherche en psychologie

Au cours des dernières décennies, la psychologie a évolué vers des approches plus basées sur des données probantes. Les recherches modernes utilisent des méthodes empiriques rigoureuses, telles que les expériences contrôlées, les études longitudinales et les analyses statistiques, pour étudier le comportement humain. Ces méthodes ont permis de tester et souvent de réfuter les hypothèses freudiennes, révélant des explications alternatives qui ne reposent pas sur des mécanismes inconscients.

3. Les avancées en neurosciences

3.1 Les découvertes sur le cerveau

Les avancées en neurosciences ont également remis en question la vision freudienne de l'esprit. Les études d'imagerie cérébrale montrent que de nombreux processus psychologiques peuvent être liés à des activités cérébrales spécifiques, contredisant l'idée d'un inconscient caché et mystérieux. Ces découvertes ont souligné que le comportement humain est souvent le résultat de mécanismes biologiques et cognitifs, plutôt que de pulsions refoulées.

3.2 Les théories alternatives

Des approches alternatives, telles que la psychologie cognitive et la psychologie comportementale, ont émergé pour expliquer le comportement humain sans recourir à l'inconscient. Ces théories mettent l'accent sur le rôle de l'apprentissage, des pensées et des émotions dans le comportement, offrant des explications qui sont plus directement vérifiables et applicables dans des contextes cliniques.

4. Les limites de l'approche freudienne

4.1 Réductionnisme et sexualité

Une autre critique de la psychanalyse concerne son approche réductionniste, en particulier sa focalisation sur la sexualité. Freud a soutenu que la plupart des problèmes psychologiques découlaient de conflits sexuels réprimés, ce qui peut sembler simpliste et ne pas tenir compte de la complexité des relations humaines et des influences culturelles. Les recherches modernes en psychologie sociale montrent que les facteurs environnementaux, culturels et sociaux jouent un rôle significatif dans le développement psychologique, défiant l'accent excessif mis par Freud sur la sexualité.

4.2 Impact culturel et social

Les théories freudiennes ont également été critiquées pour leur manque de pertinence culturelle. Freud a formulé ses théories dans un contexte culturel spécifique qui ne peut pas être généralisé à toutes les cultures. Les différences culturelles influencent la manière dont les individus expriment et traitent leurs émotions, rendant les concepts freudiens inapplicables dans de nombreux contextes culturels contemporains.

5. La renaissance de la psychologie moderne

5.1 Nouvelles approches thérapeutiques

La crise du freudisme a ouvert la voie à l'émergence de nouvelles approches thérapeutiques, comme la thérapie cognitivo-comportementale (TCC), qui se concentre sur la modification des pensées et des comportements inadaptés plutôt que sur l'exploration des conflits inconscients. Ces méthodes ont démontré leur efficacité dans le traitement de divers troubles psychologiques, en s'appuyant sur des bases empiriques solides.

5.2 L'intégration de disciplines

De plus, la psychologie moderne intègre des connaissances issues d'autres disciplines, telles que la sociologie, l'anthropologie et les neurosciences, pour développer une compréhension plus complète et nuancée de la condition humaine. Cette approche pluridisciplinaire permet de mieux appréhender les complexités de l'esprit humain et d'adapter les traitements aux besoins spécifiques des individus.

Conclusion

La crise du freudisme met en lumière les limites des idées de Sigmund Freud à la lumière des études psychologiques modernes basées sur l'expérience et les preuves. Alors que ses concepts ont joué un rôle fondamental dans le développement de la psychologie, leur manque de fondement empirique, leurs simplifications excessives et leur manque de pertinence culturelle ont conduit à une remise en question croissante de leur validité.

Critique du marxisme : Comment les théories économiques et sociales marxistes ont échoué face aux analyses scientifiques et économiques modernes

Introduction

Le marxisme, fondé par Karl Marx et Friedrich Engels au XIXe siècle, a été une force intellectuelle majeure qui a influencé la pensée politique, économique et sociale pendant plus d'un siècle. Ses théories, notamment celles concernant la lutte des classes, l'exploitation capitaliste et la dialectique historique, ont servi de fondement à de nombreux mouvements politiques et économiques. Cependant, à la lumière des analyses scientifiques et économiques modernes, de nombreuses idées marxistes ont été remises en question et souvent jugées obsolètes. Ce texte examine les principales critiques du marxisme en se concentrant sur ses théories économiques et sociales, et comment celles-ci ont échoué à s'adapter aux réalités contemporaines.

1. Les fondements du marxisme

1.1 La lutte des classes

Au cœur de la théorie marxiste se trouve la notion de lutte des classes, qui affirme que l'histoire humaine est principalement marquée par les conflits entre les classes sociales. Marx soutenait que la classe bourgeoise exploitait la classe prolétaire, créant ainsi des inégalités et des tensions sociales. Selon lui, la révolution prolétarienne était inévitable et conduirait à l'établissement d'une société sans classes.

1.2 La valeur travail et l'exploitation

Marx a également développé la théorie de la valeur travail, selon laquelle la valeur d'un bien est déterminée par le travail nécessaire à sa production. Cette théorie implique que les capitalistes, en ne versant pas la pleine valeur du travail aux ouvriers, exploitent ces derniers. Marx croyait que cette exploitation était au cœur du capitalisme et conduirait inévitablement à son effondrement.

2. Les critiques économiques du marxisme

2.1 L'inadéquation de la théorie de la valeur travail

Les critiques modernes du marxisme commencent par remettre en question la théorie de la valeur travail. Les économistes néoclassiques, qui ont émergé à la fin du XIXe siècle, soutiennent que la valeur d'un bien est déterminée non seulement par le travail, mais aussi par l'offre et la demande sur le marché. Cette approche met en lumière l'importance de la subjectivité dans la détermination des prix et des valeurs, contredisant ainsi l'idée marxiste d'une valeur intrinsèque fixée par le travail.

2.2 L'échec de la prévision économique

Les prédictions économiques de Marx concernant l'effondrement imminent du capitalisme n'ont pas été vérifiées. Au contraire, les économies capitalistes ont montré une capacité à s'adapter, à innover et à se régénérer, notamment grâce à des mécanismes tels que la concurrence, l'évolution technologique et les ajustements de marché. Ces dynamiques ont conduit à des périodes de croissance, remettant en question l'idée d'une crise inévitable du capitalisme.

3. Les limites des analyses sociales marxistes

3.1 La simplification des relations sociales

Les théories marxistes sont souvent critiquées pour leur tendance à simplifier les relations sociales en les réduisant à des antagonismes de classe. Cette vision binaire omet la complexité des interactions humaines, des identités et des inégalités qui existent au sein des sociétés modernes. Les recherches contemporaines en sociologie et en anthropologie montrent que d'autres facteurs, tels que la race, le genre et la culture, jouent également un rôle crucial dans la formation des inégalités.

3.2 L'impact des politiques économiques

Les expériences historiques des régimes marxistes, notamment en Union soviétique et en Chine, ont également mis en évidence les faiblesses des théories marxistes. Les tentatives de mise en œuvre des idéaux marxistes ont souvent abouti à des résultats catastrophiques, notamment des pénuries économiques, des violations des droits humains et des crises politiques. Ces échecs soulignent les défis pratiques de l'application des théories marxistes dans des contextes réels.

4. L'essor des approches économiques alternatives

4.1 L'économie de marché

L'économie de marché a prouvé son efficacité en matière d'allocation des ressources, d'innovation et de création de richesses. Les mécanismes de prix, basés sur l'offre et la demande, ont permis de répondre aux besoins des consommateurs et de stimuler la concurrence. Les pays qui ont adopté des politiques économiques de marché ont généralement connu une croissance économique plus rapide et une amélioration des niveaux de vie par rapport aux régimes marxistes.

4.2 Les nouvelles théories économiques

Des approches contemporaines, telles que l'économie comportementale et l'économie institutionnelle, offrent des perspectives plus nuancées sur le comportement économique humain et les institutions. Ces théories intègrent des éléments psychologiques, culturels et historiques pour mieux comprendre les dynamiques économiques, remettant en question les postulats simplistes du marxisme.

5. Conclusion

La critique du marxisme révèle les limites des théories économiques et sociales marxistes face aux analyses scientifiques et économiques modernes. Bien que le marxisme ait joué un rôle significatif dans l'histoire de la pensée politique et économique, ses concepts fondamentaux ont été mis à mal par des recherches empiriques et des évolutions économiques récentes.

Les critiques de la théorie de la valeur travail, l'échec des prévisions marxistes, la simplification des relations sociales et les expériences historiques des régimes marxistes soulignent la nécessité d'adapter les analyses économiques et sociales aux réalités contemporaines. En fin de compte, la redéfinition des paradigmes économiques modernes repose sur une approche plus intégrative et nuancée, qui reconnaît la complexité des dynamiques sociales et économiques et qui intègre des éléments variés de la recherche scientifique. Cette évolution est essentielle pour mieux comprendre les défis contemporains et forger des réponses efficaces aux inégalités et aux injustices qui persistent dans nos sociétés.

Quatrième partie : La science prouve que l'univers fonctionne selon des lois créées par Dieu

Introduction

Au fil des siècles, l'humanité a cherché à comprendre l'univers et son fonctionnement à travers la science. Les découvertes scientifiques ont non seulement élargi notre compréhension des phénomènes naturels, mais elles ont également soulevé des questions profondes sur l'origine et le sens de l'univers. Dans cette perspective, plusieurs chercheurs et penseurs contemporains soutiennent que les lois qui régissent l'univers témoignent de l'existence d'une intelligence supérieure, souvent identifiée comme Dieu. Cette partie examine comment la science moderne, à travers ses découvertes, renforce l'idée que l'univers fonctionne selon des lois établies par une entité divine.

1. Les lois de la nature : Une harmonie ordonnée

1.1 La régularité des lois physiques

La première preuve de l'ordre divin réside dans la régularité et la prévisibilité des lois physiques. Les lois de la physique, telles que la gravité, la thermodynamique et les lois du mouvement, offrent un cadre cohérent pour expliquer le comportement des objets dans l'univers. Par exemple, la loi de la gravitation de Newton et la théorie de la relativité d'Einstein décrivent comment les corps interagissent et se déplacent dans l'espace. Cette prévisibilité suggère l'existence d'un ordre sous-jacent, qui, pour beaucoup, est le reflet d'une intention divine.

1.2 La constante cosmologique

Les constantes physiques, telles que la constante gravitationnelle, la vitesse de la lumière et les constantes des interactions fondamentales, sont remarquablement précises. Si ces valeurs étaient légèrement différentes, l'univers tel que nous le connaissons ne pourrait pas exister. Les théoriciens du "principe anthropique" soutiennent que ces constantes sont finement réglées pour permettre l'émergence de la vie, ce qui laisse penser qu'une force supérieure a orchestré ces conditions.

2. La cosmologie et l'origine de l'univers

2.1 Le Big Bang : Un commencement

La théorie du Big Bang, qui décrit l'origine de l'univers comme un événement singulier, a profondément changé notre compréhension cosmique. Ce modèle indique que l'univers a eu un commencement dans le temps, ce qui soulève des questions sur ce qui a causé cet événement initial. Pour de nombreux croyants, cette "création" initiale est perçue comme l'acte d'un Créateur, confirmant l'idée que l'univers n'est pas le résultat d'un processus aléatoire, mais d'une intention divine.

2.2 Les implications de l'expansion de l'univers

L'observation de l'expansion de l'univers, corroborée par des découvertes telles que le décalage vers le rouge des galaxies, suggère que l'univers est en perpétuelle évolution. Cela renforce l'idée que l'univers est dynamique et qu'il suit des lois établies, ce qui, pour certains, témoigne de la sagesse d'un Créateur qui a conçu un cosmos en harmonie avec des principes rationnels.

3. La biologie et la complexité de la vie

3.1 La complexité des systèmes biologiques

Les avancées en biologie moléculaire et en génétique ont révélé la complexité incroyable des systèmes biologiques. Le code génétique, par exemple, est une information hautement structurée qui guide le développement et le fonctionnement des organismes vivants. Certains chercheurs, tels que Francis Collins, un biologiste et chrétien, soutiennent que cette complexité ne peut pas être le fruit du hasard, mais indique plutôt un design intelligent, suggérant l'existence d'un créateur.

3.2 L'origine de la vie : un débat scientifique

L'origine de la vie sur Terre est un sujet de débat intense. Les modèles chimiques, comme la théorie de la soupe primitive, tentent d'expliquer comment des molécules simples ont évolué vers des formes de vie complexes. Cependant, les défis pour expliquer ce saut crucial soulèvent des questions sur l'implication d'une force supérieure dans ce processus. L'idée que la vie pourrait être le résultat d'une intervention divine reste une perspective convaincante pour beaucoup, face à la difficulté d'expliquer l'origine de la vie uniquement par des processus chimiques.

4. La philosophie et la science : Un dialogue possible

4.1 La compatibilité entre foi et raison

La relation entre science et foi a souvent été perçue comme conflictuelle, mais de nombreux penseurs contemporains soutiennent qu'elles peuvent coexister et se compléter. Des scientifiques tels que Albert Einstein et Max Planck ont exprimé leur admiration pour l'ordre et la beauté de l'univers, ce qui les a conduits à des réflexions philosophiques sur la nature de Dieu. Cette vision encourage un dialogue entre science et spiritualité, où les découvertes scientifiques peuvent renforcer la compréhension de la divinité.

4.2 La question du sens

Au-delà des preuves scientifiques, la question du sens et de la finalité de l'univers est profondément humaine. Les découvertes scientifiques, loin de détruire les croyances religieuses, peuvent enrichir la compréhension de notre existence et renforcer l'idée que l'univers est orienté vers un but, suggérant la présence d'un Créateur qui a un plan pour l'humanité.

Conclusion

La science moderne, à travers ses découvertes sur les lois de la nature, l'origine de l'univers et la complexité de la vie, fournit des arguments en faveur de l'idée que l'univers fonctionne selon des lois créées par Dieu. Les régularités observées dans la physique, les implications de la cosmologie et la complexité biologique suggèrent un ordre sous-jacent qui dépasse les explications matérialistes.

En fin de compte, le dialogue entre science et foi ne doit pas être considéré comme une opposition, mais comme une opportunité d'approfondir notre compréhension de l'univers et de notre place en son sein. L'idée que l'univers est façonné par une intelligence supérieure offre une perspective enrichissante qui inspire à la fois l'émerveillement et la réflexion philosophique sur le sens de notre existence.

L'univers et les lois scientifiques : Comment les lois physiques et biologiques prouvent que l'univers fonctionne selon un ordre précis qui ne correspond pas au hasard aléatoire

Introduction

L'exploration scientifique de l'univers a révélé une structure profondément ordonnée qui semble défier l'idée d'un cosmos régi par le hasard. Les lois physiques et biologiques observées dans la nature témoignent d'un système complexe et harmonieux, suggérant qu'il existe un ordre sous-jacent à l'univers. Dans cette optique, ce texte se penche sur les lois scientifiques qui soutiennent cette conception d'un univers organisé, explorant comment elles démontrent que les phénomènes naturels ne sont pas le produit du hasard, mais plutôt d'un design précis.

1. Les lois physiques : Une architecture de l'univers

1.1 La régularité des lois de la physique

Les lois de la physique, telles que la gravitation, l'électromagnétisme et les lois de la thermodynamique, forment le socle sur lequel repose notre compréhension du monde naturel. Ces lois, qui régissent les interactions entre les corps, sont remarquablement constantes et universelles. Par exemple, la loi de la gravitation, formulée par Isaac Newton, décrit comment deux corps exercent une force d'attraction mutuelle. Cette régularité permet de prédire le mouvement des planètes, des étoiles et d'autres objets célestes avec une précision incroyable.

1.2 La précision des constantes universelles

Les constantes physiques, telles que la vitesse de la lumière ou la constante gravitationnelle, sont d'une importance cruciale pour le fonctionnement de l'univers. Si ces valeurs étaient modifiées même de manière infime, l'univers tel que nous le connaissons ne pourrait pas exister. Par exemple, une légère variation de la force de gravité aurait des conséquences catastrophiques sur la formation des planètes et des étoiles. Ce réglage précis des constantes suggère l'existence d'un ordre préétabli, qui semble incompatible avec une vision aléatoire de l'univers.

2. La cosmologie : Un univers en expansion contrôlée

2.1 La théorie du Big Bang

La théorie du Big Bang, qui postule que l'univers a eu un début dans un état extrêmement dense et chaud, constitue une base scientifique pour comprendre l'origine de l'univers. Les observations de la radiation cosmique de fond et le décalage vers le rouge des galaxies fournissent des preuves solides de cette théorie. L'idée que l'univers a commencé à exister à un moment donné, plutôt que d'être éternel et statique, soulève des questions sur ce qui a causé cet événement initial, renforçant ainsi l'idée d'un ordre intentionnel.

2.2 La loi de Hubble et l'expansion de l'univers

L'observation de l'expansion de l'univers, décrite par la loi de Hubble, indique que les galaxies s'éloignent les unes des autres à une vitesse proportionnelle à leur distance. Cette découverte met en lumière une dynamique de l'univers qui suit des règles précises, indiquant que l'univers n'est pas simplement un ensemble aléatoire de matières, mais un système en évolution régie par des lois physiques claires.

3. Les lois biologiques : La complexité de la vie

3.1 La théorie de l'évolution : Ordre et complexité

La théorie de l'évolution, formulée par Charles Darwin, a été interprétée à tort par certains comme une justification du hasard dans le développement des espèces. Cependant, une analyse plus approfondie révèle que l'évolution est guidée par des mécanismes précis tels que la sélection naturelle, qui favorise les traits bénéfiques pour la survie et la reproduction. Cette sélection aboutit à une complexité croissante au sein des écosystèmes, soulignant un processus d'adaptation régulier et non aléatoire.

3.2 L'information génétique : Un code structuré

L'ADN, le code génétique qui régit le développement des organismes vivants, représente un exemple frappant de complexité ordonnée. Le génome humain, par exemple, contient environ 3 milliards de paires de bases organisées en séquences spécifiques qui déterminent les caractéristiques d'un individu. La présence d'un tel code structuré, qui ne peut être expliqué par des processus aléatoires, indique une intentionnalité dans l'organisation de la vie.

4. La convergence des lois physiques et biologiques

4.1 Interdépendance des systèmes

Les lois physiques et biologiques ne fonctionnent pas en isolation, mais sont interdépendantes. Les conditions physiques de l'univers, comme la température et la pression, influencent les processus biologiques. Par exemple, l'eau, qui est essentielle à la vie, possède des propriétés uniques en raison des lois de la chimie physique, permettant la formation et le maintien de structures biologiques complexes. Cette interconnexion souligne l'ordre qui sous-tend l'univers.

4.2 Un ordre à toutes les échelles

L'observation de l'ordre à la fois au niveau macroscopique (cosmologique) et microscopique (cellulaire) suggère une cohérence fondamentale dans le fonctionnement de l'univers. Les lois qui régissent les mouvements des planètes et celles qui gouvernent la biologie moléculaire partagent un fondement commun qui reflète une architecture précise et délibérée.

Conclusion

L'étude des lois scientifiques, tant physiques que biologiques, met en évidence un univers qui fonctionne selon un ordre précis et non aléatoire. La régularité des lois de la physique, l'origine contrôlée de l'univers, la complexité de la vie et l'interconnexion de ces systèmes illustrent une structure harmonieuse qui défie les explications basées sur le hasard.

Ces découvertes scientifiques ne soutiennent pas seulement une vision du monde rationaliste, mais invitent également à une réflexion plus profonde sur l'origine et le sens de l'univers. L'idée que l'univers est régi par des lois établies suggère la présence d'une intelligence supérieure, qui aurait conçu cet ordre avec un but. Ainsi, la science et la spiritualité peuvent se rencontrer dans une compréhension commune de l'univers en tant qu'entité ordonnée, reflétant la grandeur d'un Créateur.

Rationalité scientifique et foi : Comment les lois scientifiques précises qui gouvernent l'univers sont perçues comme une preuve de l'existence d'un créateur.

Introduction

Au cours des siècles, la tension entre science et foi a souvent été au cœur des débats philosophiques et théologiques. Alors que la science s'efforce de comprendre les lois qui régissent l'univers par l'observation et l'expérimentation, la foi propose une compréhension spirituelle du monde et de son origine. Cependant, de nombreux penseurs contemporains estiment que la rationalité scientifique et la foi peuvent coexister et même se compléter mutuellement. Les lois scientifiques précises, qui régissent l'univers, peuvent être interprétées comme des indices de l'existence d'un créateur. Ce texte examine comment la rationalité scientifique peut renforcer la conviction en une intelligence supérieure derrière l'ordre cosmique.

1. Les lois scientifiques : Un ordre universel

1.1 La prévisibilité des lois physiques

Les lois de la physique, comme celles de Newton ou d'Einstein, décrivent des phénomènes naturels avec une précision remarquable. Par exemple, la loi de la gravitation universelle permet de prédire le mouvement des planètes, tandis que la théorie de la relativité restreinte propose des explications sur le comportement de la lumière et du temps. Cette prévisibilité suggère qu'il existe un ordre sous-jacent à l'univers, et pour de nombreux croyants, cela indique une source intelligente ayant établi ces lois.

1.2 Les constantes fondamentales

Les constantes physiques, telles que la vitesse de la lumière ou la constante gravitationnelle, jouent un rôle crucial dans le fonctionnement de l'univers. Si ces valeurs étaient légèrement modifiées, les structures complexes de l'univers, y compris la vie, ne pourraient pas exister. Ce réglage précis de ces constantes est souvent interprété comme un signe d'une intention divine. L'idée que l'univers a été conçu avec des lois précises pour permettre la vie suscite des réflexions sur l'existence d'un créateur.

2. La cosmologie : Un début intentionnel

2.1 La théorie du Big Bang

La théorie du Big Bang, qui propose que l'univers a eu un commencement à partir d'un état extrêmement dense et chaud, a des implications profondes. Ce modèle cosmologique suggère qu'il y a eu un point d'origine, ce qui soulève la question de ce qui a causé cet événement initial. Pour beaucoup, cela renforce l'idée d'un créateur, car un commencement implique une cause, souvent perçue comme une intelligence supérieure ayant initié le processus cosmique.

2.2 L'ordonnancement cosmique

Les découvertes en cosmologie, comme la formation des galaxies et des systèmes solaires, témoignent d'un univers en évolution régie par des lois précises. L'idée que l'univers suit un ensemble de règles cohérentes suggère un plan qui va au-delà du simple hasard. Pour ceux qui croient en une divinité, cet ordonnancement est vu comme une manifestation de la sagesse d'un créateur.

3. La biologie : Un code de complexité

3.1 La complexité de la vie

La biologie moderne, grâce à la génétique et à la biologie cellulaire, a révélé une complexité incroyable au sein des systèmes vivants. Le code génétique, qui guide le développement et le fonctionnement des organismes, est un exemple frappant de structure et d'information. Cette complexité ne peut pas être facilement expliquée par le hasard, mais plutôt interprétée comme le résultat d'un processus intentionnel. La présence d'un code aussi sophistiqué invite à réfléchir sur l'existence d'une intelligence créatrice.

3.2 L'évolution et l'intelligence

Bien que la théorie de l'évolution soit souvent utilisée pour justifier une vision matérialiste du monde, elle peut également être perçue comme un processus guidé. La sélection naturelle, qui favorise les traits bénéfiques pour la survie, peut être interprétée comme un mécanisme à travers lequel une intelligence supérieure pourrait intervenir pour façonner la vie. Cette perspective propose que l'évolution n'est pas simplement le résultat du hasard, mais qu'elle est orientée vers des fins précises.

4. Un dialogue entre science et foi

4.1 La complémentarité des approches

De nombreux scientifiques, philosophes et théologiens soutiennent que la science et la foi ne doivent pas être en opposition, mais peuvent plutôt se compléter. La découverte des lois de la nature peut enrichir la compréhension spirituelle de l'univers. Des penseurs comme Albert Einstein ont affirmé que la beauté et l'harmonie des lois physiques sont des raisons d'émerveillement, qui peuvent coexister avec des croyances religieuses.

4.2 Une quête de sens

Au-delà des découvertes scientifiques, la quête humaine de sens et de compréhension de notre place dans l'univers est universelle. Les lois scientifiques peuvent offrir une base rationnelle pour explorer des questions métaphysiques sur l'existence et le sens de la vie. Cette quête peut renforcer la foi, car elle souligne l'idée que l'univers n'est pas un accident, mais un lieu d'ordre et de beauté.

Conclusion

La rationalité scientifique et la foi ne sont pas des concepts mutuellement exclusifs. Au contraire, les lois scientifiques précises qui gouvernent l'univers peuvent être interprétées comme des preuves de l'existence d'un créateur. La prévisibilité des lois physiques, l'origine intentionnelle de l'univers et la complexité de la vie soulignent un ordre qui défie les explications aléatoires.

Ce dialogue entre science et foi ouvre la porte à une compréhension enrichie de l'univers, où la recherche de la vérité scientifique s'accompagne d'une réflexion spirituelle profonde. Ainsi, la science ne se limite pas à l'explication des phénomènes naturels, mais invite également à une contemplation de la grandeur d'une intelligence supérieure qui pourrait être à l'origine de tout ce qui existe.

Exemples tirés de la physique : Les constantes cosmologiques et la précision des lois naturelles, et comment elles soutiennent l'idée d'un design intelligent

Introduction

La physique moderne, par ses découvertes et ses théories, a considérablement enrichi notre compréhension de l'univers. Parmi les éléments les plus fascinants de cette discipline, les constantes cosmologiques et la précision des lois naturelles se distinguent. Ces éléments ne sont pas seulement des abstractions mathématiques, mais ils soulèvent des questions profondes sur la nature même de l'univers et, pour beaucoup, ils renforcent l'idée d'un design intelligent. Ce texte examine comment ces constantes et cette précision des lois naturelles peuvent être perçues comme des indices d'une intention consciente à l'origine de l'univers.

1. Les constantes cosmologiques : Un réglage précis

1.1 Qu'est-ce qu'une constante cosmologique ?

Les constantes cosmologiques sont des valeurs fondamentales qui apparaissent dans les équations qui régissent l'univers. Elles incluent des paramètres tels que la constante gravitationnelle, la vitesse de la lumière, et la constante de Planck, entre autres. Ces constantes définissent les interactions fondamentales entre la matière et l'énergie, et leur précision est essentielle à la structure de l'univers.

1.2 Un réglage fin et ses implications

Une caractéristique remarquable des constantes cosmologiques est leur précision. Si l'une de ces constantes était légèrement différente, cela aurait des conséquences dramatiques sur la structure et l'évolution de l'univers. Par exemple, si la force de gravité était plus forte, les étoiles brûleraient trop rapidement pour permettre l'émergence de la vie. À l'inverse, si elle était trop faible, les galaxies ne pourraient pas se former. Cette notion de réglage fin suggère qu'un équilibre délicat existe dans l'univers, souvent interprété comme un signe d'une intention ou d'un design intelligent derrière sa création.

2. La précision des lois naturelles

2.1 La loi de la gravitation

La loi de la gravitation, formulée par Isaac Newton et étendue par Albert Einstein, décrit comment les objets massifs attirent les autres corps. Cette loi a été testée et vérifiée dans une multitude de contextes, allant des satellites en orbite à la dynamique des galaxies. La capacité de cette loi à prédire avec précision les mouvements célestes et les interactions gravitationnelles témoigne d'une structure sous-jacente à l'univers, laissant penser qu'elle n'est pas le produit du hasard.

2.2 Les lois de la thermodynamique

Les lois de la thermodynamique, qui décrivent les relations entre chaleur, travail et énergie, sont également d'une grande importance. La deuxième loi, qui stipule que l'entropie d'un système isolé tend à augmenter, est particulièrement significative. Ce principe fournit une base pour comprendre le fonctionnement de l'univers et le flux de l'énergie. Le fait que ces lois soient universelles et applicables dans des contextes variés renforce l'idée d'un ordre cosmique, souvent perçu comme une preuve d'une conception intelligente.

3. L'argument du "design intelligent"

3.1 Une convergence d'indices

La combinaison de constantes cosmologiques précises et de lois naturelles rigoureuses offre une convergence d'indices qui soutient l'idée d'un design intelligent. Pour de nombreux scientifiques et philosophes, l'exceptionnelle stabilité et la cohérence de ces lois ne peuvent être le résultat d'un simple hasard. Cette perspective invite à réfléchir à l'existence d'une force créatrice, qui aurait établi ces lois pour que l'univers puisse exister dans sa forme actuelle.

3.2 Les réflexions de scientifiques contemporains

Des scientifiques tels que Stephen Hawking et Albert Einstein ont exprimé des réflexions sur la beauté et l'harmonie des lois de la nature. Hawking, par exemple, a affirmé que les lois de la physique semblent souvent être d'une beauté désarmante, et pour certains, cela indique qu'il pourrait y avoir une intention derrière leur formulation. Cette vision d'une intelligence qui façonne l'univers trouve écho dans l'idée de design intelligent, en suggérant que les lois naturelles sont le résultat d'un plan supérieur.

4. Conclusion

Les constantes cosmologiques et la précision des lois naturelles représentent des éléments essentiels de notre compréhension de l'univers. Leur réglage fin et leur universalité suggèrent une intention qui va au-delà des explications aléatoires. La science, loin de contredire la foi, peut au contraire servir de fondement à des réflexions sur l'existence d'un créateur. Ainsi, l'étude des constantes et des lois de la physique enrichit non seulement notre connaissance scientifique, mais ouvre également des perspectives spirituelles sur la nature de l'univers et son origine. L'harmonie et l'ordre qui en émergent appellent à une contemplation sur le mystère de la création, renforçant l'idée que l'univers pourrait être le fruit d'un design intelligent.

Exemples tirés de la biologie : La complexité des systèmes biologiques et les défis qu'elle pose aux explications matérialistes

Introduction

La biologie moderne a révélé un monde d'une complexité stupéfiante au sein des systèmes vivants. De la cellule microscopique à l'organisme multicellulaire, chaque niveau de la vie est constitué de structures interconnectées d'une précision et d'une complexité extraordinaires. Ces découvertes posent des défis significatifs aux explications purement matérialistes, qui attribuent l'évolution de la vie au seul hasard et à des processus non dirigés. Dans ce texte, nous examinerons la complexité des systèmes biologiques et comment cette complexité soulève des questions quant à l'adéquation des théories matérialistes pour expliquer l'origine et le développement de la vie.

1. La complexité irréductible des systèmes biologiques

1.1 Définition de la complexité irréductible

La notion de complexité irréductible, popularisée par des biologistes comme Michael Behe, se réfère à des systèmes biologiques composés de plusieurs parties interdépendantes, où le retrait d'une seule pièce compromet la fonctionnalité du tout. Un exemple emblématique est le flagelle bactérien, une structure semblable à un moteur qui permet à certaines bactéries de se déplacer. Le flagelle est constitué de plusieurs dizaines de protéines différentes, et chacune est essentielle à son fonctionnement. Si l'une de ces protéines manque, le flagelle ne peut pas fonctionner. Selon les partisans de la complexité irréductible, il est difficile d'expliquer comment de tels systèmes pourraient évoluer par des étapes graduelles, comme le suggère la théorie de l'évolution darwinienne.

1.2 Les systèmes biochimiques complexes

À l'échelle moléculaire, les cellules vivantes présentent des mécanismes biochimiques complexes qui ressemblent à des usines miniatures. Les voies métaboliques, par exemple, sont constituées de chaînes d'enzymes qui catalysent des réactions chimiques de manière séquentielle. Ces réactions sont nécessaires pour la production d'énergie, la réparation de l'ADN, ou la synthèse des protéines. La complexité et l'interdépendance de ces processus biologiques rendent difficile l'idée qu'ils aient pu émerger spontanément ou être produits uniquement par le hasard ou la sélection naturelle, sans aucune forme d'organisation sous-jacente.

2. Les défis aux explications matérialistes

2.1 Le problème de l'origine de la vie

Un défi majeur pour les explications matérialistes est la question de l'origine de la vie elle-même. Comment des molécules simples se sont-elles organisées pour former les premières cellules vivantes ? Bien que diverses hypothèses existent, telles que l'hypothèse de la soupe primordiale ou la panspermie, aucune n'a fourni à ce jour une explication satisfaisante du passage des molécules inorganiques à des systèmes biologiques aussi sophistiqués. Les théories matérialistes traditionnelles, qui reposent sur le hasard et les conditions initiales de la Terre primitive, peinent à expliquer l'émergence soudaine de l'information génétique codée dans l'ADN, nécessaire pour le développement des premières formes de vie.

2.2 L'information dans l'ADN

L'une des découvertes les plus révolutionnaires de la biologie moderne est la structure de l'ADN, la molécule qui stocke l'information génétique nécessaire à la construction et au maintien des organismes vivants. L'ADN contient un code numérique composé de quatre bases (adénine, thymine, cytosine, guanine), qui fonctionnent comme des lettres dans un alphabet chimique. Ce code est responsable de la production de protéines, essentielles au fonctionnement des cellules. La précision et la complexité de ce code soulèvent des questions sur son origine. Comment une information aussi détaillée et organisée a-t-elle pu apparaître dans un cadre matérialiste, sans intervention d'une intelligence ? Certains chercheurs suggèrent que le niveau d'organisation et de précision de l'ADN nécessite plus qu'une simple série d'accidents chimiques.

2.3 L'évolution de la complexité biologique

Si la théorie de l'évolution par sélection naturelle a réussi à expliquer de nombreux aspects de la diversité de la vie, elle rencontre des limites face à l'émergence de structures biologiques extrêmement complexes. Les structures telles que l'œil humain, par exemple, nécessitent de multiples composants fonctionnant en harmonie pour produire la vision. Les partisans du design intelligent soutiennent qu'il est improbable que de telles structures complexes aient évolué par de petites mutations aléatoires accumulées sur de longues périodes. Pour eux, la probabilité que ces mutations aient toutes produit des bénéfices pour l'organisme de manière progressive est extrêmement faible, ce qui remet en question la capacité du matérialisme pur à expliquer l'évolution de systèmes aussi élaborés.

3. Vers une autre vision de la biologie ?

3.1 Le design intelligent

Face aux défis posés par la complexité des systèmes biologiques, certains chercheurs et philosophes suggèrent que l'idée d'un design intelligent offre une explication alternative plus convaincante. Selon cette perspective, les systèmes biologiques sont trop complexes pour être le produit de processus non dirigés. L'intelligence derrière la conception des systèmes biologiques pourrait être envisagée comme une force créatrice qui a organisé les structures complexes de la vie. Le design intelligent ne nie pas l'évolution, mais propose que cette évolution a été guidée par une intelligence, plutôt que laissée au hasard.

3.2 Les limites des explications matérialistes

Les théories matérialistes, qui attribuent le développement des systèmes biologiques à des processus purement physiques et chimiques, ont fourni des explications valables pour certains aspects de la biologie. Cependant, à mesure que notre compréhension de la complexité biologique augmente, ces explications apparaissent parfois limitées. L'émergence de l'information génétique, les systèmes biochimiques irréductiblement complexes, et la question de l'origine de la vie soulèvent des interrogations qui, pour beaucoup, ne trouvent pas de réponses satisfaisantes dans un cadre matérialiste strict.

Conclusion

La complexité des systèmes biologiques, de la cellule à l'ADN, pose des défis importants aux explications matérialistes de l'origine et de l'évolution de la vie. Bien que la théorie de l'évolution et les principes matérialistes aient contribué à expliquer de nombreux aspects du vivant, ils peinent à rendre compte de l'émergence de structures d'une complexité irréductible et du code génétique hautement organisé. Ces observations ouvrent la voie à de nouvelles perspectives, telles que celle du design intelligent, qui propose que la vie soit le produit d'une intelligence supérieure ayant orchestré les lois naturelles pour permettre l'émergence de la vie.

Conclusion

Résumé des points essentiels

À travers cette étude, nous avons examiné comment les découvertes scientifiques modernes mettent en lumière des questions fondamentales sur les théories matérialistes et athées. En explorant les défis que les théories athées ont dû affronter dans différents domaines, tels que la physique, la biologie, la cosmologie, et la psychologie, il est apparu que de nombreuses explications matérialistes sur l'origine et l'évolution de l'univers se heurtent à des découvertes scientifiques contemporaines.

Les théories darwiniennes, freudiennes, et marxistes, qui ont longtemps servi de piliers aux idéologies athées, sont confrontées à des critiques croissantes. Les avancées en génétique et en biochimie remettent en cause la simplicité des explications évolutionnistes purement aléatoires, tandis que la physique quantique et la cosmologie révèlent des lois précises et un ordre sous-jacent à l'univers qui semblent défier l'idée d'un monde sans direction. De plus, la complexité des systèmes biologiques, les constantes cosmologiques, et l'origine de l'information génétique suggèrent un ordre et une précision que les explications athées ne parviennent pas toujours à justifier.

Conclusions

La science, autrefois considérée par certains comme un allié de l'athéisme, est aujourd'hui perçue sous un jour nouveau. Loin de discréditer la foi en une création divine, les découvertes récentes semblent renforcer l'idée d'un univers conçu avec précision. Les constantes cosmologiques, la complexité des systèmes biologiques, et les lois de la physique et de la chimie pointent vers un ordre sous-jacent qui est difficilement explicable par le seul hasard. L'univers apparaît de plus en plus comme un système parfaitement ajusté, où chaque élément semble conçu pour permettre l'émergence de la vie et la stabilité cosmique. Cela a conduit de nombreux scientifiques et philosophes à réévaluer la possibilité d'un design intelligent, voire d'une intelligence créatrice derrière les lois de la nature.

Ainsi, la science contemporaine n'est plus l'adversaire de la foi, mais un moyen puissant de la renforcer. En révélant la complexité et l'ordre cachés de l'univers, elle invite à repenser la vision d'un monde aléatoire pour celui d'un univers gouverné par des lois établies avec précision, soutenant l'idée d'une intervention consciente dans sa création.

Perspectives futures

Alors que la science continue de progresser, de nouvelles découvertes pourraient encore approfondir notre compréhension de l'univers et renforcer l'idée d'un design intelligent. Plusieurs domaines de recherche sont particulièrement prometteurs :

- **Biologie synthétique et origine de la vie** : Les efforts pour recréer des formes de vie en laboratoire ou pour mieux comprendre les processus moléculaires de l'apparition de la vie pourraient clarifier les mécanismes impliqués et montrer à quel point ces processus sont dépendants de conditions précises. Cela pourrait mettre en évidence davantage l'improbabilité de l'apparition de la vie sans une forme d'intervention intelligente.
- **Physique théorique et cosmologie** : Des recherches sur la nature du multivers, la théorie des cordes ou encore l'étude des trous noirs pourraient révéler des lois universelles plus profondes qui sous-tendent la réalité observable. Ces lois pourraient, elles aussi, indiquer l'existence d'un cadre ordonné au-delà de ce que nous comprenons actuellement.
- **Neurosciences et conscience** : L'étude du cerveau humain et de la conscience pourrait révéler des aspects immatériels de la réalité, remettant en cause les conceptions matérialistes de l'esprit. Si la conscience ne peut pas être réduite à de simples processus biologiques, cela pourrait être interprété comme un indice supplémentaire d'une conception intelligente.

En conclusion, la science reste un outil puissant pour explorer les mystères de l'univers. Cependant, à mesure que nos connaissances s'approfondissent, il devient de plus en plus difficile d'ignorer les signes d'une intention derrière les structures complexes de la nature. La science pourrait bien continuer à éclairer la voie vers une compréhension plus large de la réalité, non pas comme un simple accident cosmique, mais comme le produit d'un design intelligent et précis.

Annexe

Compatibilité des découvertes scientifiques modernes avec le Coran

Rappel historique de l'interprétation scientifique du Coran

L'idée de trouver des correspondances entre les versets du Coran et les faits scientifiques modernes s'est popularisée au XXe siècle, avec l'essor des sciences naturelles et de la technologie, provoquant de nouvelles interprétations des textes religieux dans le monde musulman. Cette approche, appelée **interprétation scientifique du Coran**, repose sur l'idée que le Coran, en tant que texte révélé par Dieu, contient des vérités cachées ou des allusions à des phénomènes que la science contemporaine découvre progressivement. Ce principe de conciliation entre le savoir scientifique et le texte sacré a attiré l'attention de nombreux penseurs et chercheurs musulmans, qui considèrent que les progrès scientifiques viennent confirmer des connaissances implicites présentes dans le Coran.

Origines de l'interprétation scientifique du Coran

Bien que la tendance à chercher des concordances entre le texte coranique et les découvertes scientifiques soit relativement récente, le Coran a depuis longtemps été présenté par des théologiens comme un texte qui évoque des signes de l'univers et de la nature. Les premiers exégètes musulmans (mufassirun) interprétaient généralement les versets coraniques d'un point de vue théologique, spirituel et moral. Toutefois, certains penseurs médiévaux, comme Al-Biruni et Ibn Sina (Avicenne), combinaient leurs études religieuses avec des recherches scientifiques, cherchant à explorer les deux dimensions sans forcément les associer directement.

Au XXe siècle, avec l'essor de la science moderne, une nouvelle approche s'est développée. Des intellectuels musulmans, tels que **Maurice Bucaille** et **Zakir Naik**, ont commencé à promouvoir l'idée que le Coran contenait des indications précises et compatibles avec les connaissances scientifiques modernes. Cette approche, appelée parfois **bucaillisme**, en hommage à Maurice Bucaille, repose sur la conviction que le texte coranique ne pouvait pas contenir d'erreurs scientifiques et qu'il offrait des informations précises, bien qu'exprimées de manière poétique et allusive, sur des phénomènes naturels que la science moderne vient à peine de découvrir.

L'essor du bucaillisme et ses principaux arguments

Maurice Bucaille, un médecin français, a popularisé cette interprétation scientifique dans son ouvrage *La Bible, le Coran et la Science* (1976), où il compare les trois textes religieux majeurs et en conclut que le Coran contient des descriptions précises de phénomènes scientifiques, tandis que certains passages de la Bible contiennent, selon lui, des erreurs. Bucaille soutient que les versets coraniques abordent, par exemple, la formation de l'embryon, la structure de l'univers, et la dynamique des étoiles et des planètes de manière compatible avec les connaissances scientifiques modernes.

Un exemple souvent cité dans ce cadre est le verset coranique qui décrit le développement embryonnaire de l'être humain : « Nous avons créé l'homme d'une goutte de sperme mélangée ; Nous lui donnons l'ouïe, la vue » (Sourate Al-Insan, verset 2). Bucaille interprète ce verset et d'autres passages apparentés comme une description embryologique avancée, en phase avec les découvertes de l'embryologie moderne, bien que le texte soit exprimé de manière poétique.

D'autres exemples concernent des phénomènes cosmiques. Le Coran évoque l'expansion de l'univers dans un verset souvent cité : « Et le ciel, Nous l'avons construit par Notre puissance, et Nous l'étendons » (Sourate Adh-Dhariyat, verset 47). Les tenants de l'interprétation scientifique y voient une référence à la théorie de l'expansion de l'univers, qui a été confirmée par l'astrophysique au XXe siècle. De même, certains interprètent le verset mentionnant les « couches » de l'atmosphère et les « cieux superposés » comme une allusion aux différentes couches de l'atmosphère terrestre ou aux structures stratifiées de l'univers.

Les fondements théoriques de l'interprétation scientifique

L'idée de correspondance entre le Coran et la science repose sur le principe de **la révélation progressive des connaissances divines**. Le texte coranique, bien qu'il ait été révélé dans un contexte historique particulier, contient des connaissances qui dépassent le savoir de l'époque. Cette notion s'appuie sur des versets où Allah incite les croyants à observer et méditer sur les signes de la création, comme une invitation à la recherche scientifique et à la découverte des lois de la nature.

Chaque « signe » (ayah) dans le Coran a une portée scientifique ou universelle, et non seulement religieuse ou morale. Le Coran est un texte non seulement spirituel mais aussi informatif, susceptible de fournir des indications sur la création du monde, les lois naturelles et les phénomènes encore inexpliqués. Le Coran est un texte riche en symboles, qui encourage une quête de connaissance allant au-delà des perceptions de l'époque.

Critiques et limites de l'interprétation scientifique du Coran

Malgré son succès, cette approche a également suscité des critiques parmi les chercheurs et les exégètes. Plusieurs spécialistes soulignent que l'interprétation scientifique du Coran repose souvent sur des relectures modernisées des versets, ce qui pourrait fausser leur signification initiale. Certains exégètes traditionnels soutiennent que le Coran doit être compris dans son contexte historique et linguistique et que le fait d'attribuer des significations scientifiques à des versets peut aboutir à une projection anachronique des connaissances modernes sur des textes anciens.

Par ailleurs, les sceptiques estiment que cette approche peut être sélective en mettant en avant uniquement les versets qui semblent correspondre aux découvertes scientifiques, tout en minimisant d'autres passages qui pourraient être plus difficiles à concilier avec les théories actuelles. Ils craignent également que cette démarche ne limite le Coran à un simple livre scientifique, alors qu'il a une portée morale, éthique et spirituelle bien plus large.

Conclusion : Vers une approche équilibrée

L'interprétation scientifique du Coran reflète un désir légitime de nombreux croyants de réconcilier leur foi avec les avancées de la science moderne. Bien que cette démarche comporte des risques d'anachronisme, elle a suscité un intérêt important pour l'étude du texte sacré sous un angle nouveau, ouvrant la voie à une réflexion sur les relations entre science et religion. Une approche équilibrée pourrait consister à reconnaître le caractère symbolique et allusif de certains versets coraniques, sans pour autant en faire une « science révélée » littérale. En ce sens, le Coran pourrait être vu comme un texte qui invite les croyants à explorer et à s'émerveiller devant la création, tout en les incitant à chercher une compréhension plus profonde de l'univers et de ses lois.

4.2 Exemples de compatibilités : Cosmologie et origine de l'univers

Les rapprochements entre certains versets du Coran et les théories scientifiques modernes, en particulier dans le domaine de la cosmologie, soulignent des similitudes qui intriguent croyants et chercheurs. Ces similitudes sont souvent invoquées pour montrer que le texte coranique évoque, d'une manière poétique et allusive, des phénomènes cosmiques tels que l'origine de l'univers, l'expansion cosmique et la structure de la création, phénomènes qui n'ont été compris scientifiquement qu'au cours des derniers siècles. Dans cette optique, certains versets du Coran sont interprétés comme anticipant des découvertes modernes, ce qui pourrait suggérer, pour les croyants, une sagesse divine sous-jacente.

4.2.1 Cosmologie et origine de l'univers : Théorie du Big Bang et expansion de l'univers

L'un des points centraux de la cosmologie moderne est la théorie du Big Bang, qui décrit le début de l'univers il y a environ 13,8 milliards d'années comme une singularité, un point d'infinie densité et chaleur à partir duquel l'univers a commencé son expansion. Selon cette théorie, l'espace, le temps, et toute la matière de l'univers ont émergé de cette explosion primordiale, qui a marqué le début de tout ce que nous connaissons. Cette conception du cosmos ayant eu un commencement radical diffère de la croyance classique en un univers éternel et immuable.

Dans le Coran, un verset souvent cité en lien avec la théorie du Big Bang est le suivant :

"Ceux qui ont mécru n'ont-ils pas vu que les cieux et la terre formaient une masse compacte ? Ensuite, Nous les avons séparés et fait de l'eau toute chose vivante. Ne croiront-ils donc pas ?" (Sourate Al-Anbiya, 21:30)

Ce verset semble faire allusion à un état primordial où les cieux et la terre, métaphore souvent utilisée dans le Coran pour désigner l'univers entier, étaient unis dans une masse compacte avant d'être séparés. Cette image peut être interprétée comme une description poétique de l'univers originel avant l'explosion du Big Bang. La « séparation » des cieux et de la terre pourrait alors symboliser l'expansion qui a suivi, marquant la naissance de l'univers.

Certains chercheurs estiment que cette description coranique ne pouvait être comprise correctement avant l'ère scientifique moderne et que l'évocation d'une masse compacte divisée en cieux et en terre peut être considérée comme une anticipation de la cosmologie contemporaine. D'autres y voient une simple métaphore sans intention de description scientifique. Néanmoins, pour ceux qui adoptent une interprétation scientifique du Coran, ce verset offre une correspondance intrigante avec l'idée d'un univers qui naît d'un point unique pour ensuite se développer.

Expansion de l'univers : La découverte d'un phénomène en perpétuelle croissance

Une autre similitude souvent invoquée entre le Coran et la cosmologie moderne concerne l'idée d'une expansion de l'univers. En 1929, l'astronome Edwin Hubble découvre que l'univers est en expansion, ce qui révolutionne la science cosmologique en établissant que les galaxies s'éloignent les unes des autres dans toutes les directions. Avant cette découverte, l'univers était généralement perçu comme statique et immuable.

Dans le Coran, un verset qui semble faire écho à cette idée est le suivant :

"Et le ciel, Nous l'avons construit par Notre puissance, et Nous l'étendons sans cesse." (Sourate Adh-Dhariyat, 51:47)

La formulation « Nous l'étendons sans cesse » peut être interprétée comme une description de l'expansion continue de l'univers, un phénomène découvert des siècles après la révélation du Coran. Dans le texte arabe original, l'utilisation du verbe « étendre » (mūsiʿūn) suggère un processus dynamique, un déploiement constant de l'univers. Pour les partisans d'une lecture scientifique, cela représenterait une correspondance frappante avec la découverte moderne de l'expansion cosmique.

Les critiques de cette interprétation affirment que le verset pourrait simplement exprimer la puissance divine et la vastitude du ciel sans intention de décrire un phénomène scientifique particulier. Cependant, pour ceux qui voient dans ce verset une allusion à l'expansion de l'univers, cette correspondance symboliserait un exemple de convergence entre texte sacré et découverte scientifique.

La fin de l'univers : Une convergence entre cosmologie coranique et cosmologie moderne

Le Coran fait également allusion à la fin éventuelle de l'univers, avec des versets qui évoquent un retour des cieux et de la terre à un état de destruction ou de contraction. Les cosmologistes modernes proposent diverses hypothèses sur la fin de l'univers, parmi lesquelles le Big Crunch, selon lequel l'expansion de l'univers pourrait ralentir puis s'inverser, conduisant finalement à une contraction de toute la matière en un point unique, symétrique au Big Bang.

Dans le Coran, un verset qui évoque un tel retour est le suivant :

"Le jour où Nous plierons le ciel comme on plie un rouleau pour les écrits. Tout comme Nous avons commencé la première création, ainsi Nous la répéterons, c'est une promesse qui Nous incombe, et en vérité, Nous l'accomplirons." (Sourate Al-Anbiya, 21:104)

Ce verset présente une image du ciel « plié comme un rouleau », ce qui peut être interprété comme une allusion à une contraction cosmique. Bien que l'analogie soit poétique, certains y voient une anticipation de l'idée d'un univers en expansion qui pourrait, dans certaines théories cosmologiques, revenir à son point d'origine dans un phénomène de contraction.

Vers une perspective de compatibilité

Les exemples de compatibilité entre les versets coraniques et les découvertes modernes en cosmologie fascinent les chercheurs et les croyants qui voient dans le Coran non seulement un guide spirituel, mais aussi un texte qui offre des perspectives sur la nature de l'univers. Bien qu'une interprétation scientifique du Coran demeure controversée, et que les métaphores poétiques ne puissent être considérées comme des preuves scientifiques, ces rapprochements alimentent la réflexion sur la nature de la connaissance et sur la relation entre foi et raison.

Dans une vision nuancée, ces correspondances ne visent pas nécessairement à prouver scientifiquement la validité du texte religieux, mais elles mettent en lumière des points de rencontre entre les questions posées par la science moderne et les réflexions spirituelles présentes dans le Coran. Ces parallèles nourrissent une approche conciliatrice entre religion et science, montrant que, pour de nombreux croyants, les deux domaines ne sont pas contradictoires mais complémentaires dans la quête de compréhension de l'univers.

4.2.2 Embryologie et développement humain : Comparaison des versets coraniques et des connaissances biologiques modernes

L'embryologie, la science qui étudie le développement des embryons et des fœtus, est un domaine fascinant où les avancées modernes ont permis de découvrir des processus complexes et précis. Curieusement, certains versets coraniques semblent décrire des étapes du développement embryonnaire d'une manière qui ressemble à des découvertes scientifiques récentes. Cela a conduit certains chercheurs et théologiens à suggérer que le Coran, révélé au VIIe siècle, pourrait contenir des informations sur l'embryogenèse qui n'ont été confirmées qu'au XXe siècle, à l'ère de la biologie moderne.

Les versets coraniques sur la formation de l'embryon

Plusieurs versets du Coran abordent la question de la création de l'être humain et de son développement dans le ventre de la mère. Ces versets sont souvent cités dans le cadre de l'interprétation scientifique du Coran. Voici quelques-uns des versets les plus fréquemment mentionnés dans ce contexte :

1. **Sourate Al-Mu'minun, 23:13-14** :

   "Puis Nous avons fait de lui une goutte de sperme dans un endroit sûr. Puis Nous avons fait de la goutte un caillot de sang, puis Nous avons fait du caillot un morceau de chair, puis Nous avons fait du morceau des os, et Nous avons revêtu les os de chair. Puis Nous l'avons fait naître en une autre création. Gloire à Allah, le meilleur des créateurs."

2. **Sourate Al-'Alaq, 96:2** :

   "Il a créé l'homme d'une alaq (caillot de sang)."

3. **Sourate Al-Insan, 76:2** :

   "Nous avons créé l'homme d'une goutte de sperme mélangée, pour l'éprouver, et Nous lui avons donné l'ouïe et la vue."

Ces versets décrivent différentes étapes de la création de l'homme, allant de la « goutte de sperme » à la formation de la chair et des os, et enfin à l'apparition de l'être humain complet. Pour les défenseurs de l'interprétation scientifique du Coran, ces descriptions sont remarquablement proches des observations modernes en embryologie, bien qu'exprimées dans un langage métaphorique et symbolique.

La correspondance avec les connaissances biologiques modernes

1. La "goutte de sperme" et la fécondation

Le Coran fait référence à la "goutte de sperme" (nutfah), qui est la cellule reproductrice mâle (spermatozoïde) dans le processus de reproduction humaine. Cette description est précise du point de vue biologique, car la fécondation de l'ovule par le spermatozoïde constitue le premier stade de la formation de l'embryon. La terminologie coranique de "goutte" pourrait correspondre à cette première étape où le spermatozoïde rencontre l'ovule pour créer un zygote, une seule cellule qui se divisera pour former un embryon.

2. Le "caillot de sang" et la phase de segmentation

Le terme "alaq" dans le Coran, souvent traduit par "caillot de sang", fait référence à une phase particulière de la formation de l'embryon, lorsque celui-ci prend une forme allongée et attache à la paroi utérine. L'usage du mot "alaq" dans le Coran a été interprété comme se référant à l'embryon durant une phase où il ressemble à un "caillot de sang" en raison de la forme irrégulière de l'embryon et de la vascularisation précoce. En biologie moderne, cette phase correspond à la période où l'embryon est constitué d'un amas de cellules qui commence à se diviser et à se différencier, tout en établissant une connexion avec le placenta pour recevoir des nutriments.

3. La formation des "os" et des "muscles"

Le verset de la Sourate Al-Mu'minun mentionne la formation des "os" et leur recouvrement par la "chair", ce qui peut être compris comme une allusion à la chondrogénèse et à l'ossification dans le processus de développement embryonnaire. Dans la biologie moderne, on sait que les premières étapes de l'embryogenèse comportent la formation du cartilage, qui se transforme ensuite en os. Parallèlement, les tissus musculaires se développent en même temps que les os, formant une structure corporelle qui commence à ressembler à un fœtus humain à part entière.

4. La "création d'une autre création"

Le verset coranique parle également de la création d'une "autre création" après que les os aient été recouverts de chair. Ce passage peut être interprété comme une référence à la transformation de l'embryon en un fœtus, un processus où les systèmes organiques se forment et se diversifient. Selon les biologistes, une fois que les bases du squelette et des muscles sont établies, le fœtus passe par une phase où ses organes et ses systèmes (circulatoire, nerveux, etc.) se développent progressivement. Cette transformation pourrait être vue comme l'achèvement de la création humaine dans ses étapes embryonnaires.

5. Le rôle de l'ouïe et de la vue

Un autre verset coranique, cité dans la Sourate Al-Insan, évoque le don de l'ouïe et de la vue, ce qui pourrait être interprété comme une référence aux développements sensoriels chez l'embryon et le fœtus. Les capacités auditives et visuelles du fœtus se développent à des stades relativement avancés de la grossesse. Bien que la vision et l'audition ne soient pleinement fonctionnelles qu'après la naissance, ces capacités commencent à se former dans le fœtus vers la fin du deuxième trimestre.

Limites et interprétations critiques

Bien que les similitudes entre les versets coraniques et les découvertes modernes en embryologie soient frappantes, certains critiques soulignent que les descriptions coraniques ne sont pas nécessairement des représentations scientifiques exactes. Les versets sont souvent exprimés dans un langage poétique et métaphorique, et il est possible que leur signification ait été interprétée selon les connaissances de l'époque. De plus, ces versets ne visent pas à fournir un manuel détaillé d'embryologie, mais plutôt à encourager la réflexion sur la grandeur de la création divine et la complexité du processus de la vie.

Il est aussi important de souligner que l'interprétation des versets dans un cadre scientifique moderne peut parfois être sélective, en choisissant certains éléments du texte qui semblent correspondre à des découvertes récentes, tout en négligeant d'autres aspects du verset qui pourraient être plus difficiles à expliquer scientifiquement.

Conclusion : Une invitation à la contemplation

Dans l'ensemble, la relation entre les versets coraniques sur le développement humain et les découvertes modernes en embryologie peut être vue comme une invitation à la réflexion et à la contemplation sur la beauté et la complexité du processus de création. Pour les croyants, ces correspondances peuvent renforcer la conviction que le Coran contient des vérités profondes qui transcendent les connaissances humaines et qu'il reflète une sagesse divine qui reste pertinente même à l'ère moderne. Pour les chercheurs et les sceptiques, ces parallèles offrent une occasion de réexaminer la relation entre science et foi, et de reconnaître que les textes anciens peuvent avoir une richesse de significations au-delà de leur contexte historique initial.

4.2.3 Géologie et phénomènes naturels : Comparaison des références coraniques aux montagnes, aux océans et aux phénomènes naturels avec les découvertes géologiques modernes

Le Coran, en tant que texte sacré, contient de nombreuses références aux phénomènes naturels qui ont été interprétées à la fois comme des métaphores spirituelles et comme des descriptions du monde physique. Certaines de ces références, en particulier celles liées aux montagnes, aux océans, et à d'autres phénomènes géologiques, ont attiré l'attention des chercheurs qui s'intéressent à la compatibilité entre les versets coraniques et les connaissances géologiques modernes. Bien que ces versets aient été révélés dans un contexte historique où la science moderne n'existait pas, leur correspondance apparente avec des découvertes géologiques récentes suscite des discussions intéressantes sur la relation entre le Coran et la science.

Les montagnes et leur rôle dans la stabilité de la Terre

Les montagnes sont mentionnées à plusieurs reprises dans le Coran comme des éléments importants de la création de la Terre, et leur rôle est parfois décrit d'une manière qui semble anticiper certains concepts géologiques modernes. Dans le Coran, les montagnes sont souvent présentées comme un facteur de stabilité pour la terre, et leur présence est vue comme un moyen d'empêcher le tremblement de la Terre. Un verset célèbre évoque ainsi ce phénomène :

"Et Nous avons placé sur terre des montagnes, de peur qu'elle ne bouge avec eux." (Sourate An-Naba, 78:6)

Ce verset fait référence à l'idée que les montagnes agissent comme des ancrages pour stabiliser la croûte terrestre, une notion qui peut être rapprochée de ce que l'on sait aujourd'hui en géologie. En effet, les montagnes se forment souvent à la suite des mouvements tectoniques des plaques terrestres, et elles jouent un rôle crucial dans la dynamique de la croûte terrestre. Les montagnes sont le résultat de l'accumulation de forces géologiques telles que la compression, la subduction, et la collision des plaques tectoniques. Ces phénomènes, qui se produisent sur des échelles de temps géologiques, contribuent à la stabilité de la surface terrestre en équilibrant les forces internes.

Un autre aspect de la géologie moderne, qui semble en partie corroboré par ce verset, est la manière dont les montagnes affectent les processus sismiques. L'activité tectonique est souvent associée à des tremblements de terre, mais les montagnes jouent aussi un rôle crucial en dissipant l'énergie sismique et en réduisant l'ampleur des secousses.

Les océans et les barrières entre les eaux

Un autre aspect fascinant des phénomènes naturels mentionnés dans le Coran est celui des océans et de la façon dont ils sont divisés en différentes masses d'eau. Le Coran évoque des séparations naturelles entre l'eau douce et l'eau salée dans un verset qui semble anticiper des connaissances modernes en géologie et en océanographie :

"Il a fait de l'eau douce et de l'eau salée, et Il a mis une barrière infranchissable entre elles." (Sourate Al-Furqan, 25:53)

Ce verset est souvent interprété comme une référence aux zones de transition entre les masses d'eau douce et salée, comme celles que l'on trouve à l'embouchure des rivières ou dans des régions où l'eau salée de l'océan rencontre les eaux douces des rivières. En géologie et en océanographie, cette frontière est connue sous le nom de **halocline**, une zone où la salinité de l'eau change brusquement. Cette interface entre les eaux douces et salées est cruciale pour de nombreux écosystèmes marins, et elle a des implications importantes pour les courants océaniques et les conditions climatiques locales.

Le verset peut également faire allusion aux **courants marins** qui séparent les différentes masses d'eau en fonction de leur salinité, et aux phénomènes de **mélange d'eaux**, qui sont des caractéristiques naturelles des océans. L'idée d'une "barrière infranchissable" pourrait également être interprétée à la lumière des processus naturels qui empêchent un mélange total et immédiat des eaux de salinité différente. Le phénomène de stratification des océans, où l'eau salée est souvent plus dense et se trouve au fond, tandis que l'eau douce reste à la surface, semble se refléter dans cette image coranique.

Les phénomènes naturels et la création de la Terre

Le Coran évoque aussi la formation de la Terre et des phénomènes naturels associés à sa création. Dans le verset suivant, la création des montagnes et des phénomènes naturels associés est présentée comme une preuve de la puissance divine :

"Et Il a étendu la Terre, et y a placé des montagnes fermes, pour qu'elle ne se secoue pas avec vous." (Sourate An-Nazi'at, 79:30)

La notion selon laquelle la Terre a été "étendue" et que les montagnes ont été placées pour la rendre stable semble se rapporter à des processus géologiques complexes qui expliquent la formation de la croûte terrestre et la stabilité de la planète. En géologie, le terme "étendue" pourrait être vu comme une référence à la manière dont la croûte terrestre s'est formée et a évolué au fil du temps, notamment par des processus d'extension et de compression des plaques tectoniques.

Les montagnes, en tant que formations géologiques liées aux mouvements des plaques tectoniques, contribuent à la formation de la croûte terrestre et à son renforcement. Le fait qu'elles "empêchent la Terre de bouger" pourrait être interprété comme une allusion à leur rôle dans la stabilisation de la planète, un rôle qui est aussi important pour la régulation des forces géophysiques et sismiques internes.

La conception coranique de l'environnement naturel et sa correspondance avec la géologie moderne

L'exploration des versets coraniques sur la géologie et les phénomènes naturels met en évidence une vision du monde qui voit la nature comme un ensemble harmonieux, où chaque élément joue un rôle spécifique dans le maintien de l'équilibre de la Terre. Bien que le Coran n'ait pas l'intention de fournir une description scientifique détaillée des phénomènes naturels, les références aux montagnes, aux océans, et à la structure de la Terre peuvent être interprétées comme des métaphores ou des anticipations de certaines découvertes géologiques modernes.

Dans cette perspective, certains chercheurs affirment que le Coran, tout en étant un texte spirituel, semble offrir des insights qui résonnent avec les principes scientifiques observés aujourd'hui. Cependant, d'autres mettent en garde contre les risques d'anachronisme, soulignant que ces versets étaient destinés à enseigner des leçons spirituelles et éthiques plutôt qu'à fournir des descriptions scientifiques exactes. Néanmoins, pour ceux qui cherchent à concilier science et foi, ces correspondances peuvent renforcer la conviction que la science moderne n'est pas en opposition avec les enseignements religieux, mais qu'elle peut, au contraire, enrichir la compréhension des phénomènes naturels décrits dans les textes sacrés.

4.3 La compatibilité des versets coraniques avec les découvertes scientifiques modernes : Un miracle et un défi à l'humanité

L'harmonie entre les versets coraniques et les découvertes scientifiques modernes représente un phénomène profond et stupéfiant, souvent perçu comme un **miracle** divin. Le Coran, révélé au 7e siècle, contient des versets qui semblent non seulement anticiper des faits scientifiques bien avant leur découverte par l'humanité, mais qui confirment également la perfection et la sagesse infinie du Créateur, Allah. Ces révélations, qui traitent de la création de l'univers, de la formation de l'homme et des lois naturelles qui gouvernent le monde, transcendent le simple cadre spirituel pour se présenter comme un défi direct à l'humanité : la reconnaissance de la vérité divine et de l'omnipotence de Dieu.

Un miracle : La science moderne et les versets coraniques

Le Coran, loin d'être un texte de science, a été révélé comme un guide spirituel pour l'humanité. Cependant, la présence de vérités scientifiques dans le texte coranique a stupéfié ceux qui ont cherché à comprendre et à concilier foi et science. Le **miracle** réside dans le fait que des phénomènes scientifiques tels que l'origine de l'univers, la formation de l'embryon humain, ou encore la géologie, sont décrits dans le Coran de manière qui correspond de manière frappante aux découvertes scientifiques modernes. Cette précision, sur des sujets qui étaient hors de portée des connaissances humaines à l'époque de la révélation, ne peut être qu'un signe clair que ce texte est la **Parole d'Allah**, révélée à un Prophète illétré, Muhammad (paix et bénédictions sur lui).

Des versets comme celui qui décrit l'expansion de l'univers (Sourate Az-Zariyat, 51:47) ou celui sur le développement de l'embryon humain (Sourate Al-Mu'minun, 23:13-14) sont des exemples frappants de la manière dont la science moderne confirme ce qui a été révélé il y a plus de 1400 ans. La découverte de l'expansion de l'univers, par exemple, n'a été comprise que dans les années 1920 avec les travaux de l'astronome Edwin Hubble, bien après la révélation du Coran.

Un défi à l'humanité : La conversion du capitaine Costaud

Le phénomène de la compatibilité entre le Coran et les découvertes scientifiques modernes constitue également un défi lancé à l'humanité. Ce défi s'adresse non seulement aux sceptiques de la foi, mais aussi à tous ceux qui rejettent la notion de Dieu créateur. Le cas du **capitaine Costaud**, un homme qui, après avoir étudié les versets coraniques et les découvertes scientifiques, s'est converti à l'Islam, est un exemple poignant de l'impact de cette réalité. Ce capitaine, profondément scientifique et rationnel, a été convaincu par l'évidence des parallèles entre les découvertes scientifiques récentes et les versets du Coran.

Ce cas illustre bien que la recherche de la vérité scientifique et la foi en Dieu peuvent se compléter, et que la découverte de ces miracles scientifiques dans le Coran peut être un point de départ pour beaucoup vers la foi en l'existence d'un Créateur tout-puissant. Le **défi** lancé par ces révélations est clair : comment expliquer la connaissance scientifique contenue dans un texte révélé au 7e siècle, si ce n'est par la reconnaissance de l'omniscience d'Allah, qui est au-delà de la compréhension humaine?

L'embryologie selon le professeur Kyt Moor : Un exemple irréfutable

L'un des exemples les plus puissants de cette compatibilité entre science et foi se trouve dans le domaine de l'embryologie. Le **professeur Kyt Moor**, un biologiste canadien, a consacré un livre à la découverte des phénomènes embryonnaires, dans lequel il décrit comment les étapes du développement embryonnaire chez l'homme, telles que révélées dans le Coran, correspondent précisément à ce que la science moderne a découvert bien après la révélation du texte. Dans ses recherches, le professeur Moor a observé que le Coran mentionnait des détails incroyablement précis sur la formation de l'embryon, comme le développement des os et des muscles, un processus qui n'a été découvert qu'avec les technologies modernes de la biologie et de la médecine.

Le professeur Moor lui-même a reconnu que cette connaissance était bien au-delà des capacités humaines au moment de la révélation. Il a été frappé par la manière dont ces versets coraniques, qui avaient été révélés il y a plus de quatorze siècles, correspondaient exactement aux faits scientifiques qu'il étudiait dans ses recherches. Cette découverte a non seulement renforcé sa conviction dans la science, mais l'a également mené à une conversion à l'Islam, un acte qui témoigne de l'impact profond de la science sur la foi lorsqu'elle est comprise dans sa vérité divine.

Allah, créateur de tout : L'Omniscience et l'Omnipotence

Toutes ces découvertes et témoignages conduisent à une conclusion inéluctable : **Allah est le Créateur de tout**. L'univers, l'homme, les phénomènes naturels, et la vie elle-même, ne peuvent être expliqués que par la volonté divine. Le Coran ne décrit pas seulement des événements scientifiques, mais nous invite à réfléchir sur la grandeur et l'omniscience d'Allah, qui est **omnipotent** et **omniscient**.

Le texte coranique, tout en offrant une vision spirituelle du monde, se pose comme un défi pour l'humanité : celui de reconnaître que l'existence de l'univers et de la vie ne peuvent être le fruit du hasard ou d'une simple évolution naturelle. Chaque élément de la création est une preuve de la **puissance divine**, et chaque découverte scientifique qui coïncide avec les versets coraniques est un **miracle** supplémentaire de l'authenticité de la Parole d'Allah.

En conclusion, la compatibilité entre les découvertes scientifiques modernes et les versets coraniques n'est pas simplement un sujet d'étude, mais un **miracle divin**, un défi lancé à l'humanité pour prouver que ce texte n'est autre que la **Parole d'Allah**. Que ce soit par les témoignages de scientifiques convertis ou les preuves irréfutables dans des domaines comme l'embryologie et la cosmologie, il est évident que la création des univers et de l'homme ne peut avoir d'autre explication que : "Allah a créé tout, Il est omniscient et omnipotent." C'est une invitation pour l'humanité à se tourner vers Allah, à reconnaître Sa grandeur et à s'émerveiller devant la perfection de Sa création.

Points forts des arguments contre l'athéisme :

- Les découvertes modernes, telles que le Big Bang et la fine-tuning de l'univers, suggèrent une origine et un ordre qui peuvent être interprétés comme des preuves d'une **intelligence créatrice**.
- Des exemples de correspondances entre les versets coraniques et des faits scientifiques, comme l'embryologie et la géologie, offrent un argument tangible pour la **divinité** du texte coranique.
- Les témoignages de scientifiques convertis, comme le professeur Kyt Moor ou le capitaine Costaud, montrent qu'une compréhension plus profonde du Coran peut conduire à une foi renforcée, à partir de la reconnaissance de la science et de la révélation divine.

Conclusion : Vers une nouvelle perspective ?

L'étude du rapport entre les découvertes scientifiques modernes et les croyances religieuses, en particulier l'athéisme et la compatibilité des versets coraniques avec la science, ouvre des avenues passionnantes pour la réflexion sur la nature de l'univers, la création, et l'existence de Dieu. À travers cette recherche, nous avons examiné les arguments scientifiques avancés par l'athéisme, la critique des preuves en faveur de l'existence de Dieu, ainsi que les correspondances étonnantes entre certaines découvertes scientifiques et les versets coraniques. À la lumière de ces éléments, il est possible de tirer des conclusions importantes, tout en gardant à l'esprit les limites inhérentes à toute tentative de concilier science et théologie.

6.1 Synthèse des résultats de la recherche

Tout au long de cette étude, plusieurs points clés se sont dégagés concernant le débat entre science et religion, ainsi que les arguments pour et contre l'athéisme. En premier lieu, nous avons vu que, si la **science moderne** a apporté de nombreuses découvertes impressionnantes sur l'origine de l'univers, la biologie, et la cosmologie, elle reste limitée dans son champ d'application pour répondre aux questions métaphysiques et théologiques. La science s'efforce d'expliquer le **comment** des phénomènes naturels, mais elle n'a pas la prétention de répondre au **pourquoi** ultime de la création, ce qui laisse un vide que la **théologie** cherche à combler.

D'autre part, les arguments scientifiques avancés par les athées, tels que le matérialisme, le déterminisme, et l'auto-organisation de la vie, bien qu'ils aient eu une influence significative sur les discours contemporains, montrent également leurs propres limites. Les avancées en physique quantique, en cosmologie, et en biologie ont mis en lumière des zones d'ombre et des paradoxes qui remettent en question une vision purement matérialiste et déterministe de l'univers. Ces défis scientifiques, loin de prouver l'inexistence de Dieu, semblent plutôt indiquer la nécessité de réexaminer nos concepts de la réalité et de la création.

Une **partie centrale de cette recherche** a été consacrée à l'analyse de la compatibilité entre les découvertes scientifiques modernes et les versets coraniques. Bien qu'il soit fascinant de constater certaines correspondances entre le texte coranique et les découvertes modernes, il convient de souligner que ces correspondances ne constituent pas des **preuves irréfutables** de la divinité du Coran. Elles ouvrent toutefois un espace de réflexion où la **foi** et la **raison** peuvent se rencontrer, tout en reconnaissant que l'interprétation des versets peut être influencée par des biais de confirmation.

Ainsi, la recherche nous conduit à la conclusion que la **science** peut enrichir la compréhension de certains aspects de la réalité, mais elle ne saurait constituer une preuve définitive de la **divinité** des textes religieux. De même, le Coran, en tant que texte spirituel, doit être abordé à la lumière de la foi et non uniquement à travers un prisme scientifique.

6.2 Ouverture sur des recherches futures

Si cette recherche a permis de poser les bases d'une réflexion sur la relation entre science et religion, elle ouvre également la voie à de nouvelles interrogations et pistes de réflexion pour des recherches futures. L'évolution continue des théories scientifiques, notamment en **physique quantique**, en **cosmologie** et en **biologie**, pourrait avoir un impact profond sur la manière dont nous percevons le rapport entre la science et la croyance religieuse. Les découvertes futures, notamment en matière de **multivers**, de l'origine de la matière et de la conscience, pourraient apporter des éléments nouveaux qui viendraient nourrir cette réflexion.

Une question qui mérite d'être explorée est celle de l'**évolution des paradigmes scientifiques**. Les avancées de la **science théorique** — comme les théories des **cordes**, la **grande unification**, ou la **mécanique quantique appliquée à la cosmologie** — offrent des perspectives intéressantes sur la nature de l'univers et ses origines, qui pourraient à la fois remettre en cause et enrichir les visions traditionnelles de la création. Dans ce cadre, il serait pertinent de mener des études approfondies sur les **implications philosophiques et théologiques** de ces nouvelles découvertes, notamment sur la possibilité d'une intelligence créatrice ou d'un principe divin à l'origine de l'ordre cosmique.

Par ailleurs, une autre piste de recherche pourrait être de s'intéresser à l'**impact des croyances religieuses** sur l'acceptation ou le rejet des théories scientifiques. Comment les différentes traditions religieuses, y compris l'Islam, réagissent-elles aux nouvelles découvertes scientifiques ? Existe-t-il une évolution dans la manière dont les croyants perçoivent la relation entre science et foi à mesure que les connaissances humaines s'élargissent ?

Enfin, un domaine d'investigation intéressant pourrait être l'**étude comparative** entre les textes religieux d'autres traditions (Judaïsme, Christianisme, Bouddhisme, etc.) et les découvertes scientifiques. Comment ces textes abordent-ils des questions similaires, comme la création de l'univers, la vie, ou le destin humain, et dans quelle mesure ces visions se rejoignent-elles avec les découvertes scientifiques modernes ?

Conclusion finale

En somme, cette étude met en lumière la **limite de la science** dans son approche des grandes questions métaphysiques et théologiques, tout en soulignant l'importance de la réflexion continue sur les interactions entre science et foi. Les découvertes scientifiques, bien qu'impressionnantes, ne peuvent ni confirmer ni infirmer l'existence de Dieu, et elles ne sont pas en mesure de remplacer une expérience spirituelle profonde. Parallèlement, la **compatibilité entre le Coran et les découvertes scientifiques** doit être abordée avec prudence, en reconnaissant que ces parallèles peuvent témoigner de la grandeur divine, mais ne constituent pas en soi une preuve scientifique. Cette recherche ouvre ainsi la voie à une nouvelle perspective qui invite à la **réflexion continue** sur la nature de la réalité et notre place dans l'univers.

Bibliographie et sources.

Michael Behe (1952-)

Michael Behe est un biochimiste américain et professeur de biologie à l'université Lehigh en Pennsylvanie. Il est surtout connu pour ses travaux dans le domaine du design intelligent et pour son concept de "complexité irréductible", qui affirme que certaines structures biologiques sont trop complexes pour être expliquées par l'évolution darwinienne.

- **Ouvrage clé** : *Darwin's Black Box: The Biochemical Challenge to Evolution* (1996) – Dans ce livre, Behe introduit l'idée de la complexité irréductible, en particulier à travers des exemples de la biochimie comme le flagelle bactérien, argumentant que ces systèmes complexes ne peuvent pas s'être développés par des mutations aléatoires.

2. Stephen C. Meyer (1958-)

Biographie : Stephen C. Meyer est un philosophe des sciences américain, directeur du Discovery Institute's Center for Science and Culture, et un défenseur clé du mouvement du design intelligent. Il soutient que l'information présente dans l'ADN suggère l'intervention d'une intelligence créatrice.

- **Ouvrages clés :**
  - *Signature in the Cell: DNA and the Evidence for Intelligent Design* (2009) – Meyer propose que l'information contenue dans l'ADN ne peut être expliquée par les processus évolutifs traditionnels.
  - *Darwin's Doubt: The Explosive Origin of Animal Life and the Case for Intelligent Design* (2013) – Il critique les explications darwiniennes de la « Grande Explosion cambrienne » et défend l'idée que ces événements nécessitent un design intelligent.

3. Stephen Hawking (1942-2018)

Biographie : Stephen Hawking était un physicien théoricien et cosmologiste britannique, professeur à l'Université de Cambridge. Il est l'un des scientifiques les plus influents du 20ème siècle, connu pour ses travaux sur la relativité générale, les trous noirs et l'origine de l'univers.

- **Ouvrages clés :**
  - *A Brief History of Time* (1988) – Un best-seller mondial où Hawking explique la cosmologie moderne et les théories sur l'origine de l'univers, y compris la théorie du Big Bang et les constantes cosmologiques.

o *The Grand Design* (2010) – Coécrit avec Leonard Mlodinow, ce livre discute de l'importance des lois de la nature dans l'univers et se penche sur la question de la création sans la nécessité d'un créateur divin.

4. Roger Penrose (1931-)

Biographie : Roger Penrose est un physicien et mathématicien britannique, professeur à l'Université d'Oxford. Il est lauréat du prix Nobel de physique en 2020 pour ses travaux sur les trous noirs et la relativité générale. Penrose a exploré la relation entre la physique, la cosmologie, et la conscience.

- **Ouvrage clé :** *The Road to Reality: A Complete Guide to the Laws of the Universe* (2004) – Cet ouvrage monumental présente une description approfondie des lois physiques de l'univers et leur implication dans la nature même de la réalité.

5. Richard Weikart (1958-)

Biographie : Richard Weikart est un historien américain, professeur à l'Université d'État de Californie, et auteur de plusieurs ouvrages sur l'influence des idées darwiniennes sur l'éthique et la société. Ses recherches explorent l'impact de la pensée évolutionniste sur l'histoire des idées.

- **Ouvrage clé :** *From Darwin to Hitler: Evolutionary Ethics, Eugenics, and Racism in Germany* (2004) – Weikart montre comment les idées évolutionnistes ont influencé les théories raciales et eugéniques, notamment en Allemagne, et examine leur lien avec des idéologies athées.

6. Thomas Sowell (1930-)

Biographie : Thomas Sowell est un économiste, sociologue et philosophe américain. Il est chercheur principal à la Hoover Institution, Université de Stanford. Il a beaucoup écrit sur les idéologies politiques, notamment en critique du marxisme et du socialisme.

- **Ouvrage clé :** *Marxism: Philosophy and Economics* (1985) – Dans ce livre, Sowell explore et critique les fondements philosophiques et économiques du marxisme, en soulignant ses faiblesses face aux analyses économiques modernes.

7. Charles Darwin (1809-1882)

Biographie : Charles Darwin est un naturaliste britannique, célèbre pour avoir développé la théorie de l'évolution par sélection naturelle. Son travail a eu une influence considérable sur la biologie moderne et la compréhension de l'origine des espèces.

- **Ouvrage clé :** *On the Origin of Species* (1859) – L'ouvrage fondateur où Darwin propose que les espèces évoluent au fil du temps par le processus de sélection naturelle.

Autres sources scientifiques

- **Revues scientifiques** comme *Nature*, *Science*, et *Cell*, qui publient des recherches sur les découvertes récentes en génétique, biologie moléculaire, et cosmologie, permettant une mise à jour des connaissances sur l'origine de la vie, l'univers, et l'évolution biologique.

Index des Mots Clés

- **Sélection naturelle** : Mécanisme de l'évolution biologique par lequel les organismes les mieux adaptés à leur environnement survivent et se reproduisent.
- **Théories matérialistes** : Croyances philosophiques selon lesquelles tout peut être expliqué par des phénomènes physiques et naturels sans référence à une entité divine.
- **Théorie du chaos** : Branche de la mathématique explorant les systèmes dynamiques et imprévisibles, utilisée pour discuter de l'ordre et du désordre dans l'univers.
- **Univers** : L'ensemble du cosmos, y compris la matière, l'énergie, l'espace, et le temps, souvent discuté en termes de ses origines et de ses lois fondamentales.

QCM.

1. **Quelle est l'origine principale de l'athéisme moderne ?**
   - o A) Le Moyen Âge
   - o B) L'ère des Lumières
   - o C) La Renaissance
   - o D) La révolution industrielle
2. **Quel philosophe des Lumières a contribué à la promotion de l'athéisme ?**
   - o A) John Locke
   - o B) Voltaire
   - o C) Jean-Jacques Rousseau
   - o D) David Hume

QCM 2 : Relation entre Science et Athéisme

3. **Au XVIIIe et XIXe siècles, la science était souvent perçue comme :**
   - o A) Un allié du théisme
   - o B) Un soutien à l'athéisme
   - o C) Neutre sur les questions religieuses
   - o D) Opposée à toute forme de croyance religieuse
4. **Quelle théorie scientifique a particulièrement été utilisée pour soutenir l'athéisme ?**
   - o A) La théorie de la relativité
   - o B) La mécanique quantique
   - o C) La théorie de l'évolution de Darwin
   - o D) La théorie des cordes

QCM 3 : Impact des Découvertes Scientifiques Modernes

5. **La théorie du Big Bang a renforcé l'idée d'un :**
   - o A) Univers éternel sans début
   - o B) Univers en expansion avec un début précis
   - o C) Univers stable et immuable
   - o D) Univers aléatoire sans lois physiques

6. **Quelles découvertes en génétique ont posé des défis à la théorie darwinienne ?**
   - o A) L'ADN et la complexité des systèmes biologiques
   - o B) La découverte de nouvelles espèces
   - o C) La théorie de la relativité
   - o D) La mécanique des fluides

QCM 4 : Critique des Théories Matérialistes

7. **La crise du darwinisme est principalement due à :**
   - o A) Les nouvelles lois de la thermodynamique
   - o B) Les avancées en génétique et biologie moléculaire
   - o C) Les découvertes en astronomie
   - o D) La mécanique quantique
8. **Pourquoi les théories freudiennes ont-elles été remises en question ?**
   - o A) À cause des nouvelles technologies d'imagerie cérébrale
   - o B) Parce qu'elles manquaient de bases expérimentales solides
   - o C) À cause des nouvelles théories économiques
   - o D) À cause des recherches en physique

QCM 5 : Univers et Design Intelligent

9. **Les constantes cosmologiques découvertes par la physique moderne :**
   - o A) Confirment un univers aléatoire
   - o B) Réfutent l'idée d'un design intelligent
   - o C) Soulignent une précision extrême qui pourrait indiquer un design intelligent
   - o D) Ne sont pas pertinentes pour les débats philosophiques
10. **Quelle est la principale difficulté des théories matérialistes face aux systèmes biologiques complexes ?**
    - o A) Leur incapacité à expliquer l'évolution rapide des espèces
    - o B) Leur incapacité à expliquer la complexité irréductible de certains systèmes
    - o C) Leur incapacité à prévoir l'expansion de l'univers
    - o D) Leur incapacité à expliquer les lois de la gravité

QCM 6 : Conclusion

11. **Aujourd'hui, la science est de plus en plus perçue comme :**
    - o   A) Un soutien à l'athéisme
    - o   B) Neutre dans les débats philosophiques
    - o   C) Un moyen de renforcer la croyance en un design intelligent
    - o   D) Opposée à toute forme de religion
12. **Quelles perspectives futures la science pourrait-elle offrir dans la question du design intelligent ?**
    - o   A) Confirmer la théorie de la relativité uniquement
    - o   B) Découvrir de nouvelles lois qui expliquent l'aléatoire
    - o   C) Prouver l'existence de lois physiques encore plus précises
    - o   D) Réfuter l'idée d'un univers ordonné

Réponses :

1. B, 2. D, 3. B, 4. C, 5. B, 6. A, 7. B, 8. B, 9. C, 10. B, 11. C, 12. C.

Ce QCM permet d'évaluer la compréhension des points clés de la recherche, notamment l'histoire de l'athéisme, l'impact des découvertes scientifiques, et la critique des théories matérialistes.

Questionnaire

Voici un **questionnaire** avec les **réponses** basées sur la recherche concernant la relation entre l'athéisme et les découvertes scientifiques.

I. Questions générales :

1. **Définition de l'athéisme :**
   Question : Comment définir l'athéisme, et comment a-t-il évolué depuis l'ère des Lumières jusqu'à aujourd'hui ?
   Réponse : L'athéisme est l'absence de croyance en une divinité ou en un créateur. Depuis l'ère des Lumières, il a évolué avec l'avancée des sciences et des philosophies matérialistes, en particulier au XVIIIe et XIXe siècles, où il est souvent lié à la critique des religions et aux explications naturelles de l'univers.

2. **Relation entre science et athéisme au XVIIIe et XIXe siècles :**
   Question : En quoi la science a-t-elle été perçue comme un allié de l'athéisme pendant ces siècles ? Quelles théories ont joué un rôle dans ce rapprochement ?
   Réponse : La science était vue comme un allié de l'athéisme car elle fournissait des explications naturelles qui semblaient éliminer le besoin d'un créateur, comme la théorie de l'évolution de Darwin et les découvertes en astronomie qui rejetaient les explications religieuses de l'origine du monde.

II. Les découvertes scientifiques et leur impact :

3. **La théorie du Big Bang et l'origine de l'univers :**
   Question : Comment la théorie du Big Bang remet-elle en question les croyances athées et matérialistes sur l'origine de l'univers ?
   Réponse : La théorie du Big Bang indique que l'univers a un début précis, ce qui contredit l'idée matérialiste d'un univers éternel. Ce début pourrait être interprété comme le signe d'une cause première ou d'une intervention divine.

4. **Mécanique quantique et relativité :**
   Question : En quoi la théorie de la relativité et la mécanique quantique défient-elles l'idée d'un univers aléatoire et sans but ?
   Réponse : La relativité générale et la mécanique quantique révèlent des lois universelles d'une précision extrême qui régissent la matière et l'énergie, ce qui défie l'idée d'un univers aléatoire et sans ordre, et soutient l'idée d'un univers structuré.

5. **Les défis du darwinisme :**
Question : Quels sont les défis posés par les découvertes génétiques à la théorie de l'évolution de Darwin ?
Réponse : Les découvertes en génétique, notamment la complexité de l'ADN et des processus moléculaires, ont révélé des systèmes biologiques si complexes qu'ils posent des questions sur la capacité de l'évolution par sélection naturelle à expliquer l'apparition de telles structures.

III. Critique des théories matérialistes :

6. **Critique du freudisme :**
Question : Pourquoi les idées de Sigmund Freud sont-elles de plus en plus critiquées à la lumière des études psychologiques modernes ?
Réponse : Les théories de Freud, notamment la psychanalyse, manquent de bases empiriques et sont de plus en plus critiquées pour leur manque de validation scientifique et leur incapacité à rendre compte des avancées modernes en neurosciences et psychologie.

7. **Crise du marxisme :**
Question : Comment les théories marxistes ont-elles été ébranlées par les analyses économiques modernes ?
Réponse : Les théories économiques marxistes ont été remises en question par des analyses montrant que les prévisions marxistes sur la lutte des classes et la disparition du capitalisme ne se sont pas réalisées. De plus, le développement économique de pays capitalistes a contredit les prédictions du marxisme.

8. **Effondrement des théories matérialistes :**
Question : En quoi les découvertes en biologie, cosmologie et physique posent-elles des problèmes aux explications matérialistes de l'univers ?
Réponse : Les théories matérialistes reposent sur l'idée que l'univers et la vie peuvent être expliqués uniquement par des processus naturels. Cependant, des découvertes comme la complexité biologique et les constantes cosmologiques remettent en question la capacité du matérialisme à expliquer l'ordre et la précision de l'univers.

IV. La science et le design intelligent :

9. **Les lois naturelles et leur précision :**
Question : Comment les constantes cosmologiques découvertes par la physique moderne soutiennent-elles l'idée d'un design intelligent ?

Réponse : Les constantes cosmologiques, telles que la force de gravité et la vitesse de la lumière, sont réglées avec une précision incroyable, ce qui suggère que l'univers est finement ajusté pour permettre la vie. Cette précision est souvent vue comme une indication d'un design intelligent.

10. **Exemples biologiques** :
    Question : Quels exemples tirés de la biologie montrent la complexité des systèmes vivants et défient les explications matérialistes ?
    Réponse : Des exemples comme la structure de l'œil humain, la complexité des systèmes immunitaires et la machinerie moléculaire des cellules, notamment le moteur moléculaire des flagelles bactériens, posent des défis aux explications évolutionnistes traditionnelles basées uniquement sur la sélection naturelle.

11. **Rationalité scientifique et foi** :
    Question : En quoi les lois scientifiques précises peuvent-elles être perçues comme une preuve de l'existence d'un créateur ?
    Réponse : Les lois scientifiques qui régissent l'univers montrent une organisation et une régularité que beaucoup perçoivent comme étant trop précises et parfaites pour être dues au hasard. Cela renforce l'idée que ces lois pourraient être le fruit d'un créateur qui a ordonné l'univers avec intention.

V. Conclusion et perspectives futures :

12. **Science et athéisme aujourd'hui** :
    Question : Pourquoi peut-on dire que la science n'est plus l'alliée de l'athéisme comme on le croyait autrefois ?
    Réponse : La science, autrefois perçue comme soutenant l'athéisme, remet aujourd'hui en question les explications matérialistes. Les découvertes modernes en cosmologie, physique et biologie révèlent une complexité et un ordre qui défient l'idée d'un univers sans but, ouvrant la porte à des théories compatibles avec l'existence d'un créateur.

13. **Perspectives futures** :
    Question : Comment les découvertes scientifiques futures pourraient-elles continuer à renforcer l'idée d'un design intelligent ?
    Réponse : Les recherches futures en physique, biologie, et neurosciences pourraient révéler de nouvelles lois et structures encore plus complexes qui renforceront l'idée que l'univers est structuré selon un design intelligent, remettant davantage en question les explications purement matérialistes.

Ces questions et réponses couvrent les points essentiels de la recherche et permettent de comprendre les différents aspects de la relation entre science et athéisme, ainsi que les découvertes qui soulèvent des questions sur les théories matérialistes.

Table des matières

I want morebooks!

Buy your books fast and straightforward online - at one of world's fastest growing online book stores! Environmentally sound due to Print-on-Demand technologies.

Buy your books online at
www.morebooks.shop

Achetez vos livres en ligne, vite et bien, sur l'une des librairies en ligne les plus performantes au monde!
En protégeant nos ressources et notre environnement grâce à l'impression à la demande.

La librairie en ligne pour acheter plus vite
www.morebooks.shop

info@omniscriptum.com
www.omniscriptum.com

Printed by Books on Demand GmbH, Norderstedt / Germany